発達心理学のための統計学

縦断データの分析

宇佐美 慧
荘島宏二郎

心理学のための統計学 7

誠信書房

シリーズまえがき

◆ ラインアップ

「心理学のための統計学」シリーズは，心理学において必要な統計手法を広くカバーするべく用意いたしました。現在のところ，本シリーズは，以下のようなラインアップとなっています。

巻号	タイトル	主な内容
第1巻	心理学のための統計学入門——ココロのデータ分析	記述統計量・相関係数・正規分布・統計的仮説検定・z検定
第2巻	実験心理学のための統計学——t検定と分散分析	t検定・一要因分散分析・二要因分散分析
第3巻	社会心理学のための統計学——心理尺度の構成と分析	因子分析・重回帰分析・階層的重回帰分析・共分散分析・媒介分析
第4巻	教育心理学のための統計学——テストでココロをはかる	信頼性係数・項目反応理論・マルチレベル分析・適性処遇交互作用
第5巻	臨床心理学のための統計学——心理臨床のデータ分析	メタ分析・例数設計・検定力分析・ROC曲線
第6巻	パーソナリティ心理学のための統計学——構造方程式モデリング	確認的因子分析・パス解析・構造方程式モデリング（共分散構造分析）・信頼性・妥当性
第7巻	発達心理学のための統計学——縦断データの分析	縦断データ分析・欠測データ・潜在成長モデル
第8巻	消費者心理学のための統計学——市場調査と新商品開発	クラスター分析・コレスポンデンス分析・ロジスティック回帰分析
第9巻	犯罪心理学のための統計学——犯人のココロをさぐる	多次元尺度法・決定木・ナイーブベイズ・ブートストラップ・数量化理論・生存時間分析・地理空間分析

◆ コンセプト

各巻は，個別心理学のストーリーに寄り添いながら，統計手法を勉強するつくりになっています。たとえば，『社会心理学のための統計学』では，「態度」や「対人認知」など社会心理学における重要な概念を学びつつ，統計手法を抱き合わせで解説しています。

効率性を重視したならば，これほどの巻数を必要とせずに少ない巻数で統計学を学習することができるでしょう。しかし，**本シリーズは，個別心理学のストーリーを最優先にして，個別心理学の文脈の中で統計学を学ぶというスタンスをとっています。**心理の学生には，このようなコンセプトのほうが学習効果が高いと願ってのことです。

ただし，各巻は，個別心理学でよく用いられる統計手法を優先的に取り上げていますが，たとえば『社会心理学の統計学』を学べば，社会心理学に必要な統計手法がすべて網羅されているわけではありません。統計手法は，各巻でなるべく重複しないように配置しています。また，巻号が後ろになるほど高度な内容になっています。したがって，意欲的な読者は，自分の専門でない心理学分野で頻用される統計手法についても学習を進めることをお勧めします。

◆読者層

おおむね第1～5巻は学部生を対象に，第6巻以降は大学院生を対象と考えています。

◆構成

各巻は，おおむね7章構成となっており，各章はおよそ授業1コマで教える内容量となっています。つまり，2巻で半期（半年）の分量となっています。

◆伴走サイト

以下に，URLで伴走サイト（accompanying site）を用意しています。ここには，本書で用いたデータ，分析のためのソフトウェアプログラム，授業のパワーポイント教材（教員向け），Quizの解答などが置いてあります。どうぞご自由にお使いください。
http://www.rd.dnc.ac.jp/~shojima/psychometrics/

◆大学院時代の友へ

大学院修士時代，一時，発達心理学研究室に籍を置いていました。そこで，かけがえのない友を得ました。彼らは進取的で動的で，かつ，創造的でした。寝るのを忘れて議論し，互いを励まし，高め合いました。現在の僕は，彼らとの相互作用の結果です。彼らとは，西條剛央君，清水武君，菅村玄二君です。ありがとう。

◆最後に

本シリーズが皆さまの学習を促進し，よりよい成果を導くことを願っています。また，本シリーズを上梓するうえで，誠信書房の松山由理子様と中澤美穂様に多大なお世話になりました。この場をもちまして厚くお礼申し上げます。

2014年12月

シリーズ編者　荘島 宏二郎

まえがき

◆ 本書の説明

　本書は，発達心理学のための統計学的方法に関して，とくに縦断データの分析に焦点を当てて解説した教科書です。縦断データは，本書の中で指摘しているように，国内ではその有用性が次第に広く認知されるようになり，縦断データを活用した優れた応用研究例は，心理学に限らず教育学・経済学・医学領域などを中心に急速に増えてきています。そして，心理学において縦断データと最も縁の深い学問領域が，発達心理学といえるでしょう。しかし，縦断データの分析を専門的に扱った本は国内では少なく，とりわけ心理統計学の領域に端を発する方法論をもとに解説したものはとくに限られており，そのことが本書の執筆の大きな動機となっています。

　本書では，縦断データの分析についての基礎から，比較的最近の高度な話題までを取り上げ，また一貫して構造方程式モデリング（Structural Equation Modeling：SEM）の枠組みから解説を行っています。さらに，各章では発達心理学に関わる個別の研究事例を題材とした解説を試みており，統計的方法論の理解を主としながらも，発達心理学への理解を深めることも本書のねらいとしています。本書が主な対象とする読者は，発達心理学を含め心理学領域を勉強・研究する学部生・大学院生・研究者ですが，上記の事情を考えれば，より多様な学問領域における縦断データの分析に関心のある方すべてを対象としているといってよいでしょう。現在では，（心理）統計学を学ぶための教科書や参考書があふれていますが，本書を手に取ってくれた読者が，この本一冊で縦断データの分析の基礎を独習して統計学への理解を深め，また，本書がより専門性の高い学習への有効な橋渡しの一助となることを常に意識して本書の執筆に取り組みました。

　そして，（心理）統計学の基礎をすでに学んだ読者であっても理解が難しい，または誤解が生じやすい話題についても，平易に，かつ厳密性を失わずに解説することを心がけました。また，データの収集・モデルの設定から母数の推定，そして推定結果の解釈・報告までを含めた一連の統計的作業をデータの分析としてとらえ，個々の段階における重要な話題についても，本書の解説の中に含めるようにしました。これらについては，たとえば，「縦断データの長所・短所」（1.3節，1.4節），「欠測データの分析法の原理」（2.4節），「モデル選択の考え方」（3.3節），「潜在成長モデルの母数の意味」（4.2節，5.1節，6.2節），「区間線形の潜在成長モデル」（5.2節），「多変量縦断データの変化の相関関係の解釈」（6.3節），「統計モデルに基づく変数間の因果関係の解釈」（7.4節）などが挙げられます。

◆ 謝辞

　上記のような壮大なねらいを掲げて執筆を始めたものの，未熟な著者の力だけでは本書の実現は前途多難であることをすぐに痛感することになりました。しかし，幸いにも多くの先生方からの有形無形のご支援をいただくことができました。東京大学社会科学研究所の菅原育子先生には，本書の全編にわたって目を通していただき，とくに心理統計のユーザーの視点から数多くの貴重なご指摘をいただきました。心より御礼申し上げます。そして，レディング大学心理学部の村山航先生，専修大学人間科学部の岡田謙介先生，関西大学商学部の宮崎慧先生，京都大学大学院医学研究科の山本倫生先生には，一部の章に目を通していただき，統計学の専門的な立場から，本書の改善に役立つ多くのご助言をいただきました。また，京都大学霊長類研究所の川上文人様，国立情報学研究所の登藤直弥君，東京大学大学院教育学研究科博士課程の蒲谷槙介君・北原瑞穂君，さらに心理統計学の学友である山下直人君にも，さまざまな視点から，多くの建設的なご意見をいただきました。しかし，本書の中にありうる誤りについては，すべて著者の責任です。

　本書の執筆は著者がUniversity of Southern California（USC）への留学時に行ったものです。受入教員であったJohn J. McArdle教授からは刺激的で充実した研究環境を与えていただき，執筆にも専念することができました。心より感謝申し上げます。また，本書の中で示した研究事例の紹介を快諾してくださった共同研究先の先生方，さらに各研究の遂行にご協力いただいた皆様に感謝申し上げます。そして，今日までの感謝を込め，本書を私の両親と昨年他界した祖母に捧げたいと思います。

2015年1月

第1著者　宇佐美　慧

目　次

シリーズまえがき……iii
まえがき……v

第1章　言語発達を理解する──縦断データとは何か　　1

1.1　発達心理学における縦断データ──幼児の言語発達をどのように理解するか……1
1.1.1　乳幼児の言語発達　1　　1.1.2　縦断データ　2
1.2　他の形式のデータ──時系列データ・横断データ……3
1.2.1　時系列データ　3　　1.2.2　横断データ　4
1.3　縦断データの長所……5
1.3.1　時点間の平均値の比較　6　　1.3.2　発達軌跡とその個人差の検証　7
1.3.3　調査・観察研究における因果関係の検証　8
1.4　縦断データの短所……10
1.5　本書の目的と構成……11
Quiz……12

第2章　縦断データにおける欠測を知る──欠測メカニズム　　13

2.1　データが欠測する理由……13
2.2　欠測メカニズム……15
2.2.1　完全ランダム欠測　15　　2.2.2　ランダム欠測　15
2.2.3　非ランダム欠測　17　　2.2.4　欠測メカニズムの見分け方　18
2.3　古典的な欠測データの分析法……18
2.3.1　削除法　19　　2.3.2　単一代入法　20　　2.3.3　削除法と単一代入法の問題　21

2.4 より良い欠測データの分析法……22

 2.4.1　多重代入法　*22*　　2.4.2　完全情報最尤推定法　*25*

 2.4.3　多重代入法と完全情報最尤推定法の比較　*27*

2.5 非ランダム欠測のときの分析……28

Quiz……*30*

第3章　高齢者の結晶性知能の平均値を縦断的に比較する —— 構造方程式モデリングの基礎　31

3.1 高齢者の結晶性知能 —— 平均値の変化……31

 3.1.1　高齢者研究と発達心理学　*31*　　3.1.2　高齢者における知的能力の変化　*32*

 3.1.3　高齢者の結晶性知能の変化を理解する　*33*

3.2 構造方程式モデリングの基礎……34

3.3 モデル選択……36

 3.3.1　モデルの良さの評価　*37*　　3.3.2　情報量規準　*40*　　3.3.3　適合度指標　*43*

 3.3.4　モデル選択の実際　*45*

3.4 構造方程式モデリングと分散分析モデル……45

Quiz……*47*

第4章　社会適応スキルの発達軌跡をモデリングする —— 潜在成長モデルの基礎　48

4.1 社会適応スキルの発達軌跡……48

 4.1.1　発達障害と社会適応性　*48*　　4.1.2　社会適応スキル検査　*49*

 4.1.3　6時点の社会適応スキル検査データ　*49*

4.2 潜在成長モデルの基礎……51

 4.2.1　発達軌跡　*51*　　4.2.2　潜在成長モデルの表現とパス図　*52*

 4.2.3　潜在成長モデルの母数の意味　*55*

 4.2.4　発達軌跡と因子の分散・共分散の関係　*57*

4.3 言語スキルデータの分析……58

 4.3.1　切片の因子の解釈　*58*　　4.3.2　傾きの因子の解釈　*59*

4.3.3　切片・傾き間共分散の解釈　*59*　　4.3.4　誤差分散の解釈　*59*

4.3.5　適合度　*59*

4.4　補足……61

4.4.1　時点数とモデルの識別　*61*

4.4.2　潜在成長モデルと因子分析モデルの関係　*62*

Quiz……64

第5章　複雑な発達的変化をモデリングする —— 非線形の発達軌跡のための潜在成長モデル　66

5.1　2次の潜在成長モデル……66

5.1.1　モデルとパス図　*66*　　5.1.2　因子の意味　*68*　　5.1.3　母数の意味　*70*

5.1.4　日常生活スキルデータの分析　*72*

5.2　区間線形の潜在成長モデル……76

5.2.1　パス図　*76*　　5.2.2　社会生活スキルデータの分析　*78*

5.2.3　区間線形の潜在成長モデルの長所と短所　*81*

Quiz……83

第6章　読書量と語彙力の変化の関係をさぐる —— 条件付き潜在成長モデルと多変量潜在成長モデル　84

6.1　読書調査データ —— 読書量と語彙力の関係……84

6.1.1　読書に対する認識と環境の変化　*84*　　6.1.2　読書量と語彙力の縦断データ　*85*

6.2　変化の個人差の要因を調べる —— 条件付き潜在成長モデル……85

6.2.1　条件付き潜在成長モデルとパス図　*86*　　6.2.2　母数の意味　*88*

6.2.3　補足　*89*　　6.2.4　条件付き潜在成長モデルによる分析　*90*

6.2.5　条件付き潜在成長モデルのまとめ　*92*

6.3　多変量縦断データの変化の相関関係を調べる —— 多変量潜在成長モデル……93

6.3.1　多変量潜在成長モデルのパス図　*93*

6.3.2　多変量潜在成長モデルによる分析　*94*

6.3.3　多変量潜在成長モデルのまとめ　*96*

Quiz …… 97

第7章 脳機能と記憶能力の変化の因果関係に迫る —— 多変量自己回帰モデル　98

7.1 高齢者の脳データ —— 脳機能の低下と記憶能力の関係 …… 98
　7.1.1　認知症とは　*98*　　7.1.2　側脳室容量と記憶能力　*98*

7.2 自己回帰モデル …… 100
　7.2.1　自己回帰モデルのパス図　*100*　　7.2.2　自己回帰モデルの母数の意味　*102*
　7.2.3　自己回帰モデルの等値制約　*102*　　7.2.4　自己回帰モデルによる分析　*103*

7.3 多変量自己回帰モデル …… 105
　7.3.1　多変量自己回帰モデルのパス図　*106*
　7.3.2　多変量自己回帰モデルの母数の意味　*107*
　7.3.3　多変量自己回帰モデルの利点　*107*
　7.3.4　多変量自己回帰モデルの等値制約　*109*
　7.3.5　多変量自己回帰モデルによる分析　*109*

7.4 多変量自己回帰モデルの補足 …… 111
　7.4.1　3変量以上のとき　*111*　　7.4.2　因果関係を調べることの難しさ　*112*

Quiz …… 115

付録

各章のQuizの解答 …… 116

索引 …… *122*

第1章 言語発達を理解する
——縦断データとは何か

　発達心理学を含め心理学の研究では，調査・実験・観察・面接などのさまざまな方法に基づいて数値的なデータを集めることが多くあります。数値的なデータに基づく研究を，とくに量的研究（quantitative research）と呼びます。量的研究では，一般にデータの統計的分析を行って関心のある研究仮説を調べます。それでは，本書のメインテーマである縦断データとは，どのようなデータを指すのでしょうか。また，研究仮説を調べていくうえで，縦断データにはどのような特徴があるのでしょうか。本章では，幼児の言語発達についての研究例を見ながら，縦断データとは何かを説明します。

1.1 発達心理学における縦断データ
——幼児の言語発達をどのように理解するか

 乳幼児の言語発達[*1]

　子どものことばの意味理解や発話に関する言語発達は，乳児期から見られます。まず，生後1カ月くらいから，「バブバブ」や「あーうー」といった発声から始まります。これを喃語（なんご）といいます。また，6カ月くらいになると，コミュニケーションの意図をもった喃語が出てきます。そして，まだ意味のあることばになっていませんが，母国語そっくりのイントネーションやリズムをもつ語であるジャルゴンが現れます。

　次に，10～12カ月くらいに初語が出ます。つまり，対人的なコミュニケーション場面の中で使われていることばを初めて使いだす時期です。主な初語は「ママ」や「まんま（ご飯）」「ブーブー」「ワンワン」「パパ」などです。ただし，たとえばこのときの「ママ」は，字義的に「お母さん」のみを示しているのではなく，「ママ，抱っこして」や「ママ，ごはんちょうだい」のような1つの文が短縮された表現の場合もありえます。したがって，これらのことばは単語1つだけですが，それだけで文章と同様の役割を果たしているので一語文といいます。

　さらに，2歳近くになってくると，爆発的に語彙の数が増えてきます（これを，語彙爆発といいます）。これは，大脳などの神経系の発達も大きな要因ですが，1歳ごろから始まる指さし

[*1] 本項の記述は無藤ら（2010）および高橋ら（1993）を参考にしています。

と共同注視（親の視線の向く方向に子どもも視線を向けること）も，新しくことばを覚えるうえで重要な役割を果たしているとされています。子どもは1歳ごろになると，盛んに周囲のものに指さしをします。そして，親は，指さししたものが何であるのかを聞かれていると思って，その名前を子どもに言います。また，逆に親が指さしをしながら，子どもにものの名前を教えることも多くなります。そういった行為の蓄積が，2歳ごろの語彙爆発につながります。このように親子のコミュニケーションを中心とした社会的側面も，子どもの言語発達において非常に重要な役割を果たしています。

1.1.2 縦断データ

平均的には上記のような過程を経て，子どもの言語発達が進んでいきますが，その一方で，子どもの言語発達はとても個人差が大きいことが知られており（佐竹ら，2013），たとえば喃語や初語の出現の時期が早い子どももいれば，そうでない子どももいます。

言語発達的な側面を含めた，子どもの発達の全体像をとらえるための心理検査は，これまで多く開発されてきました。代表的なものとして，WPPSI，WISC-IV，ITPA言語学習能力診断検査，遠城寺式乳幼児分析的発達診断検査，田中ビネー知能検査Vなどがあります。これらの検査は，とくに言語発達が遅れている子どもを早期に見つけ，適切な支援策を考えていくうえで重要な役割をもっています。

ここで，例として，ある言語検査（0～100点満点）を実施し，幼児の言語発達の水準を調べたとしましょう。図1-1は，3名の幼児に関する言語検査得点の仮想データです。これは，A児，B児，C児の3名が，それぞれ4歳，5歳，6歳時の計3時点にわたって言語検査を受けたときの結果です。図では，同じ幼児のデータを線で結んでいます。このように，複数の対象（幼児）に対して，複数の時点にわたって集めたデータを，縦断データ（longitudinal data）といいます。説明の便宜上，3名のデータという単純な例を示していますが，縦断データでは対象の数

質問コーナー

縦断データ以外にも「反復測定データ」という用語を聞いたことがあります。これらの違いは何でしょうか？

縦断データと似た意味の用語に反復測定データ（repeated measures data）があります。反復測定データも，各対象に対して複数のデータを集めた場合を指しますが，複数時点をとおして得たデータである必要はありません。たとえば，幼児がどの程度の長さの単語を記憶できるのかを調べたとします。各幼児について，「て」「は」など1文字の単語と，「あし」「はな」など2文字の単語をいろいろと提示し，どちらの長さの単語を多く記憶していたかを比較します。このとき，各幼児の記憶していた単語数についてのデータが，単語の長さ（1文字，2文字）ごとに観測されています。このような反復測定データは，各幼児に対して複数のデータがあるという意味で縦断データに似ていますが，データを集めた時点は同じであるため，縦断データではありません。

第1章　言語発達を理解する――縦断データとは何か　3

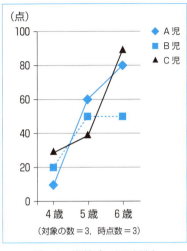

図 1-1　縦断データの例(1)

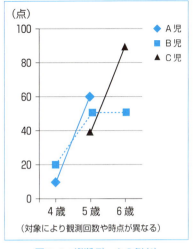

図 1-2　縦断データの例(2)

（標本サイズ）が時点数に比べて大きいことが一般的です。なお，しばしば縦断データは**パネルデータ（panel data）**ともいいますが，この用語はとくに調査研究で用いられます。

次に，図1-2のデータを見てみましょう。図1-1とは異なり，各幼児に対してデータが同じ時点で観測されていなかったとします。また，データが観測される回数も，幼児の間で異なるとします。つまり，この図では幼児によってデータの観測回数や観測時点が異なっています。しかし，複数の幼児に対して複数時点にわたって観測されているデータですので，これも縦断データです。

1.2　他の形式のデータ――時系列データ・横断データ

1.2.1　時系列データ

本書で扱うのは図1-1や図1-2で見たような縦断データですが，もう少し他の形式のデータも見てみましょう。図1-3のデータでは，ある1名の幼児（A児）について，4〜6歳の間で計9回データを観測しています。このように，特定の（少数の）対象に対して多数回の観測をとおして得たデータを，一般に**時系列データ（time-series data）**と呼びます。多くの観測回数を経ているため，時系列データをとおして，幼児の中で生じている言語能力の変化を詳しく知ることができます。また，データが時系列的に得られているかどう

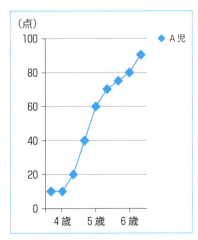

図 1-3　時系列データの例

かによらず，図1-3のように，とくに1名のデータに基づく研究を，**単一事例研究**といいます。そして，一事例ではなくとも少数の事例に基づく研究を，**少数事例研究**といいます。

いま考えている言語発達検査などの心理検査は，多くの場合，調査や面接の枠組みで実施されるものですが，単一・少数事例研究をとおした時系列データは，観察や実験も含め広く利用されます。たとえば，対象を継続的に観察することで対象の中に生じた変化の有無やそのパタンを知るだけでなく，各時点で起きた変化がどのような理由で生じたかを考察するための重要な情報を得ることができます。実験場面でも，単一・少数事例研究に基づく時系列データの利点があります。たとえば，少ない事例数であっても時系列データの変化を追うことで，少数回の観測に比べ実験効果の有無を一般により正確に判断できます。さらに，効果がいつ生じ，またどのくらいの大きさの効果が，どの程度の期間続くのかなどもより詳しく調べることができます。

一方で，単一・少数事例研究では事例数が限られているので，研究をとおして得られた知見の**一般化可能性**（今回の事例から得られた知見が，他の事例にも当てはまる可能性）が問題になります。そのため，サンプルとなる対象の選定や観測時点数など，データの集め方を工夫するなどして，この弱点を補う必要があります。本書では，単一・小数事例研究については詳しく述べませんが，詳細については南風原ら（2001）が参考になります。

先ほど説明したように，時系列データの特徴は，対象数だけではなく時点数にもあります。時系列データでは，時点数が対象数に比べて多いことが一般的です。特定の対象についての変化を詳しく知りたいという目的から，時点数が20や100など，とても多くなる場合があります。また，時系列データに限ったことではありませんが，気象データや株価データなど，対象が人でないことも多いです。このとき，時点数が数百〜数万以上となることもあります。このようなデータでは，将来の観測値を予測することが分析の主な目的となることがしばしばあります。このための方法として，とくに経済学の分野を中心に発展してきたのが，**時系列分析**（time-series analysis）と呼ばれる方法です。

1.2.2 横断データ

もう少し，ほかの種類のデータを見てみましょう。図1-4は，5歳の幼児3名を対象に，5歳のときに一度だけ観測したデータです。このように，複数の対象（幼児）に対して1回のみ観測したデータを，縦断データと対比して**横断データ**（cross-sectional data）といいます。横断データの定義は，すべての対象に対して一度のみ観測されているデータです。したがって，たとえば図1-5のように，各時点で異なる3名ずつが観測されているデータも，横断データです。つまり，観

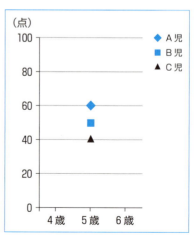

図1-4　横断データの例

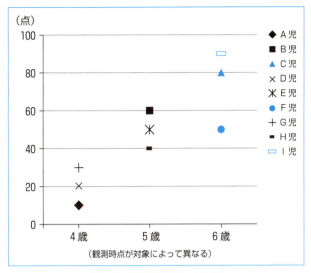

図 1-5　反復横断データの例

表 1-1　データの種類のまとめ

	対象数	時点数	同じ対象に複数回の観測
縦断データ （図 1-1, 図 1-2）	一般に多い （対象数＞時点数）	2〜20時点程度	行う
時系列データ （図 1-3）	一事例など，一般に少数 （対象数＜時点数）	10〜数百， ときに数万時点	行う
横断データ （図 1-4）	一般に多い （対象数＞時点数）	1時点	行わない
反復横断データ （図 1-5）	一般に多い （対象数＞時点数）	2〜20時点程度	行わない

測時点が対象によって異なっていてもかまいません。図1-5のようなデータは，とくに**反復横断データ**（または**継時横断データ**）と呼びます。反復横断データ（図1-5）は縦断データ（図1-1）と一見類似していますが，反復横断データは9名の各幼児に対して1時点分のデータしかありません。つまり，各データは互いに異なる幼児のものであり，縦断データ（図1-1）のようにデータを線で結ぶことはできません。表1-1に，ここまでのデータの種類に関する説明をまとめました。

1.3　縦断データの長所

　これまでさまざまな種類のデータを見てきました。縦断データと時系列データは，ともに各対象に対して複数回データを観測するのでした。そして，時系列データでは，特定の対象に関して多数回の観測を行うことで，その対象内の変化をくわしく調べることができました。しか

しその反面，対象数が限られているので，研究の結果から得られた知見の一般化可能性を主張しにくい，という欠点がありました。ここからは，縦断データが横断データに比べてどのような長所があるのか，また，例として挙げている幼児の言語発達を理解するために，縦断データはどのように役立つのかを説明します。

1.3.1 時点間の平均値の比較

「4〜6歳の間で，幼児の言語発達の水準が平均的にどのように変化するのか」ということに興味があるとしましょう。そのとき，当然，図1-4のような横断データでは5歳児のデータしかないので，この問いに答えることはできません。一方で，図1-1のような縦断データでは，変化の大きさに個人差はありますが，4〜6歳にかけて，得点の平均値がどのように推移しているのかを知ることができます。この点は，縦断データのもつ明らかな長所です。このように，データの変化は，単一時点ではなく複数時点の観測をとおしてはじめてわかるものです。

一方，反復横断データ（図1-5）の場合，4〜6歳児までのデータを得ているので，上記の問いに答えることができると思うかもしれません。しかし，一般に反復横断データの場合，各時点のデータは異なる対象からのものですので，問題は少し複雑です。たとえば，「きょうだいのいる幼児のほうが言語活動時間が長くなり，それが言語発達を促進する結果，言語検査得点が高くなる」と仮定しましょう。さらに，図1-5の9名の幼児のうち，きょうだいがいる幼児は6歳時に観測した3名（C児，F児，I児）のみであったとしましょう。するとどうでしょうか。6歳児の言語発達の水準は，4歳児・5歳児よりも平均的に高いですが，それはきょうだいがいる幼児のみのデータを調べたためであって，本来の6歳児の言語発達水準の高さを反映していないかもしれません。これでは，「4〜6歳児の間で，幼児の言語発達の水準が平均的にどのように変化するのか」を正しく評価できません。

このように，反復横断データでは，各時点（4歳，5歳，6歳の幼児たち）のデータを比較するときに，きょうだいの有無などのさまざまな背景要因が各時点の間で異なってしまいます。この違いにより，本来興味ある各時点間の平均値の差に歪み（バイアス）が生じてしまい，平均値の比較が正しくできなくなる可能性が高くなります。このきょうだいの有無の例のように，興味ある変数（言語検査得点と年齢）の関係を調べるうえで歪みを与える要因を，**交絡要因（confounding factor）**といいます。一方，縦断データ（図1-1）では各時点で同じ幼児が対象となっており，背景要因が各時点の間で均一です。したがって，平均値の比較をするうえで交絡要因の影響は基本的に生じません。

厳密には，反復横断データであっても，ありうる交絡要因を十分に統制（コントロール）できれば，その影響を最小限に抑えることができます。しかし，交絡要因のすべてを統制することは現実的ではありません。また，反復横断データでは，たとえば4歳児と5歳児の間で出生時期（出生年）がそもそも異なるため，児童の養育環境や生活状況などのまったくさまざまな社会的背景には，どうしても何らかの違いが生じてしまい，これらを統制することはできません。

つまり，5歳児が4歳であったときのこれら諸々の背景は，今の4歳児とは異なりうるので，交絡要因の影響を受けない純粋な比較がやはり難しくなります。一方，縦断データでは同じ対象を追跡しているため，各時点のデータが異なる出生時期に基づくものにはならず，今のような問題は基本的に生じません。

1.3.2 発達軌跡とその個人差の検証

また，反復横断データには，各対象の時間的な変化のパターンを意味する**発達軌跡（developmental trajectory）**やその個人差の大きさを調べることができない，という大きな問題点があります。図1-5の反復横断データはそれぞれ異なる幼児からのデータですので，データを線で結べませんでした。そのため，反復横断データからは，各幼児についての発達軌跡を知ることができず，またその個人差についても考察できません。

一方，縦断データ（図1-1）では，「4〜5歳にかけて得点が高く上昇する幼児もいれば，5〜6歳にかけて得点が高く上昇する幼児もいる」といったように，各幼児の発達軌跡とその個人差について調べることができます。とくに，どのような成長あるいは衰えにも個人差はつきものであることから，とりわけ発達心理学においてそれは重要な研究テーマです。このように，発達軌跡の個人差に関して詳しく知ることができるのは，縦断データのもつ大きな長所です。

この点を，もう少し詳しく説明します。図1-6と図1-7を見てください。データの点は図1-1と同じですが，点の結び方を変えています。図1-6からは，「4〜6歳にかけて直線的に得点が上昇する幼児（A児・B児）もいれば，5〜6歳にかけて得点の上昇が小さい幼児（C児）もいる」ということが見てとれます。また図1-7では，「4〜5歳にかけて得点が高く上昇する幼児（A児）もいれば，5〜6歳にかけて得点が高く上昇する幼児（C児）もおり，さらに直線的に得点が変化する幼児（B児）もいる」といったことがわかります。

このように，結ぶ線の違いによって，発達軌跡の個人差について結果の解釈が変わってきま

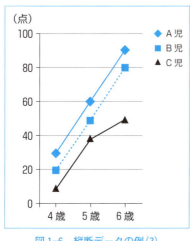

図1-6　縦断データの例(3)

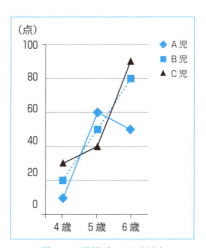

図1-7　縦断データの例(4)

す。しかし，注意してほしいのは，図1-1，図1-6，図1-7の3つの縦断データは結ぶ点は違いますが，個々の値は同じということです。そのため，各年齢での平均値を計算すれば，3つの図で同じ結果になります。そして，各年齢の平均値を結んだ平均的な発達軌跡も等しくなります。

仮に，図1-5の反復横断データにおいて，さまざまな背景要因が各年齢の間でまったく変わらず，平均値の比較が正しくできるとしましょう。このとき，各年齢の平均を計算し，それを線で結べば，平均的な発達軌跡を正しく評価することができます。しかし，それでも，縦断データのように，幼児の言語発達についての多様な個人差が図1-1のように現れているのか，または図1-6や図1-7のように現れているのか，あるいはさらに別の形で現れているのかについて知ることができないのです。

1.3.3 調査・観察研究における因果関係の検証

縦断データの利点はまだあります。ここでは，調査研究により，言語発達検査のデータだけではなく，より多くの変数に関するデータが観測されている場合を考えてみましょう。幼児には，言語発達検査の得点が高い子もいれば低い子もいます。その得点の違いは，たとえば幼児の家庭内の親子関係や幼児の知能，家庭の経済状況，幼児の出生地などの他の変数と，どのような関係にあるでしょうか。もっといえば，言語発達検査の得点とこれらの変数の間には，何らかの**因果関係（causal relationship）**[*2]があるでしょうか。

図1-8を見てください。この因果関係を調べるために，言語発達検査の得点（図中の「言語理解」）の縦断データ以外に，各幼児の家庭内の親子関係の良さを調べたデータ（図中の「親子関係」），および知能検査を実施して得たデータ（図中の「幼児知能」）の，計3種類の縦断データがある状況を考えましょう。つまり，各幼児に対して3種類の変数を縦断的に観測しています。このようなデータは，第6章でも説明するように**多変量の縦断データ**といいます。図中の四角は各年齢時の変数を意味し，矢印はその始点の変数から終点の変数への影響を示しています。つまり，図1-8のモデルは，各年齢の3つの変数の値それぞれが，1年前に観測された同じ3つの変数の値から説明できることを表現しています[*3]。

図1-8のモデルの意味を，もう少し詳しく考えてみましょう。たとえば，6歳時点で言語理解の検査得点が高い幼児もいれば，低い幼児もいます。この個人差は，いまの多変量の縦断データからどのように説明できるでしょうか。まず，「言語理解5歳 → 言語理解6歳」という矢印に注目してください。これは，「5歳時点で言語理解のテスト得点が高い幼児は，すでに言語理解

[*2] 1つの量的研究の結果のみから因果関係を厳密に明らかにすることは，一般に非常に難しいです。とりわけ，観察や調査では，実験とは異なり，ありうる交絡要因の影響を十分に統制することがしばしば困難であるため，因果関係の有無や因果効果の大きさを誤って解釈する可能性が高くなります。このような限界点については7.4.2項で補足します。また，「因果」以外にも，「影響」や「規定」「作用」という用語を用いて変数間の関係性を表現することもありますが，この場合であっても同様です。ここで紹介する図1-8のモデルは，とりわけ調査・観察研究において，因果関係についてより踏み込んで考察するためのひとつの方法といえます。

[*3] このモデルについては，第7章でよりくわしく説明します。

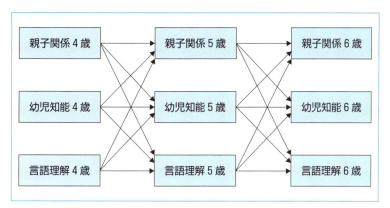

図1-8 縦断データを用いた因果関係の検証

の達成水準が高く，6歳時点でも同様に高い得点を示す」というように，過去に観測された同じ変数から説明ができる可能性を示しています。次に，「親子関係5歳→言語理解6歳」と「幼児知能5歳→言語理解6歳」の2つの矢印に注目してください。これらは，「5歳時点で親子関係が良好であると（または5歳時点での知能が高いと），6歳時点での言語理解が進む」というように，過去に観測された他の変数から説明できる可能性を示しています。

さらに，「親子関係4歳→幼児知能5歳→言語理解6歳」の矢印の流れに注目してください。これは，「4歳時点で親子関係が良好であると，5歳時点での知能が高くなり，ひいては6歳時点での言語理解が進む」というように，5歳時点での知能を介して，4歳時点の親子関係から6歳時点の言語理解の水準を説明できる可能性を示しています。ここでいう5歳時点の知能のような，異なる時点で観測される2つの変数（つまり，4歳時点の親子関係と，6歳時点の言語理解）の間にあって，その2つの変数間の関係を説明する要因を，媒介要因（mediational factor；本シリーズ第3巻参照）といいます[*4]。

このように，縦断データを用いることで，さまざまな観点から言語理解の達成水準の高さを説明できるため，因果関係について踏み込んだ検証ができます。この点は，一般に実験的な統制が難しい調査・観察研究においてとくに強みとなります。ところが，図1-4のような横断データでは同一時点のデータしかないため，調査・観察研究の場合，変数間の相関関係（correlation）については調べることができますが，図1-8のようなモデルを利用した因果関係の検証はできません。また，図1-5のような反復横断データが得られた場合でも，異なる年齢時（4歳，5歳，6歳）のデータが異なる幼児から得られているので，図1-8のように同じ幼児のデータの間を矢印で結ぶことはできず，やはり図1-8のモデルを利用できません。

ここまでに解説した縦断データの長所を，表1-2にまとめました。横断データに比べ縦断データは，さまざまな問題を調べるうえで強力なデータであることがわかります。これらの長所

---

*4 媒介要因という表現は，本章で説明した縦断データの文脈だけではなく，横断データの場合にも使われます。この場合，媒介要因は，同時点で観測された2つの変数の間にあって，それらの変数間の関係を説明する要因です。

表1-2 縦断データの長所と短所

長所	● 時点間の平均値の比較，および平均的な変化のパタン（発達軌跡）の推定がより正確にできる。 ● 発達軌跡やその個人差についての考察ができる。 ● とくに調査・観察研究において，変数間の因果関係を踏み込んで調べることができる。
短所	● 多くの時間的・人的・経済的コストを要する。 ● 統計分析の方法が複雑・高度になりやすい。 ● 作業への慣れ（練習効果）や記憶の影響などにより，データに歪み（バイアス）を与える可能性がある。 ● データの欠測が生じやすい。

は研究者の間でも次第に広く認識されるようになり，また，統計ソフトウェアの普及も手伝って，縦断データは近年とくに注目を集めています。

1.4 縦断データの短所

一方，縦断データには短所もあります。まず，縦断データは長期にわたってデータを観測するため，多くの時間的コストを要します。また，研究協力者を長期にわたって確保するための人的コストを要します。さらに，これらの結果として，一般に多くの経済的コストも要します。日本の心理学の研究では，残念ながら縦断データはまだ十分に活用されているとはいえない状況ですが，その大きな原因のひとつがこのコストの問題です[*5]。

他の短所として，分析方法の複雑さがあります。1.3節で見たように，縦断データでは発達軌跡の個人差や変数間の因果関係など，横断データに比べさまざまな研究仮説を調べるうえでの魅力があります。その反面，調べたい研究仮説そのものが複雑になりやすく，またデータが縦断的に得られていることを考慮する必要がある結果，統計分析の方法も複雑で高度になる傾向があります。それにともなって，分析結果を解釈するときにも，より高度な知識が必要になることが多いです。

また，縦断的にデータを集めることで生じる特有の問題もあります。同じ対象を追跡してくり返しデータを観測するので，対象が調査・実験の手続きに慣れたり，作業課題に習熟することが，データに歪みを与える可能性があります。たとえば，毎回同じ内容の言語発達検査を実施すると，記憶の影響や作業への慣れによって，実際には言語の発達が進んでいなくても検査得点が上昇してしまい，これを言語の発達と過って解釈する恐れがあります。とくに，このような作業への慣れを，**練習効果（training effect）**といいます。したがって，縦断データを集める際には，これらの影響を防ぐために，横断データの場合とはまた違った配慮が必要となります。

さらに，縦断データでは，同じ対象を追跡してデータを観測するなかで，データが途中から観測されない，あるいは目的としたデータの情報が部分的にしか得られないなどといった，

---

*5 ただし最近では，既存のデータを用いて追加の検証を行うという**二次分析**の目的で，研究機関や企業・大学・国が集めた縦断データに，外部の研究者が手軽にアクセスし利用できる環境も整ってきました。

欠測（missing）の問題が生じやすくなります。図1-2の縦断データは，幼児によってデータの観測回数や観測時点が異なりますが，これも欠測と考えられます。データの欠測がどのような理由で生じ，また欠測をどのように考慮して分析するのかについて判断することは，難しい問題です。次章ではデータの欠測について，欠測が生じる理由とともに，欠測を考慮した分析法について説明します。

1.5 本書の目的と構成

　表1-2でまとめたように，縦断データのもつ長所は，① 時点間の平均値の比較，および平均的な変化のパタン（発達軌跡）の推定が，横断データと比べより正確にできること，② 発達軌跡やその個人差についての考察ができること，③（とくに調査・観察研究において）変数間の因果関係についてより踏み込んで調べられること，の3点です。1.4節で見たように，縦断データにも短所がありますが，その多くはデータの収集デザインや分析方法の工夫次第で大きく改善できます。縦断データの分析をとおして私たちが得ることのできる情報の豊かさは，非常に魅力的です。しかし，それでも，縦断データの分析方法の複雑さ・高度さは短所です。本書の目的は，発達心理学のトピックに沿って縦断データの分析の基礎を平易に解説することをとおして，この問題を少しでも改善し，縦断データに関する方法論やそれに基づく研究を読者にとってより身近に感じてもらうことにあります。

　ここで，以降の章で扱う内容について簡単に紹介しておきます。まず，第2章では，先ほど取り上げたデータの欠測の問題について，欠測が生じる理由とともに，欠測を考慮した分析法について説明します。第3章では，縦断データにおいて，時点間の平均値の比較をどのようにして行うかを解説します。とくに，以降の章とも関わる，構造方程式モデリング（structural equation modeling）に基づく方法を解説します。第4章および第5章では，縦断データから発達軌跡の平均像や個人差を調べるための方法として，潜在成長モデル（latent growth model）を解説します。第6章・第7章では，潜在成長モデルやその他の統計モデルを用いて，多変量の縦断データから変数間の変化の関係を調べる方法について解説します。本書を読み進めていくにつれて，本章で解説した縦断データの強みが少しずつ実感できるようになるはずです。

【文献】
南風原朝和・市川伸一・下山晴彦（2001）．心理学研究法──調査・実験から実践まで．東京大学出版会
無藤隆・岡本祐子・大坪治彦編（2010）．よくわかる発達心理学 第2版．ミネルヴァ書房
佐竹恒夫・足立さつき・池田泰子・宇佐美慧（2013）．ひらがな文字検査──実施マニュアル：HITSS．エスコアール出版部
高橋道子・仲真紀子・藤崎真知代・野田幸江（1993）．子どもの発達心理学．新曜社

問1：以下のA〜Dで，縦断データと呼ばれるデータとして最もふさわしいものはどれでしょうか。

A. 100名の4歳の幼児から身長と体重を測定したデータ
B. 100名の4歳の幼児と別の100名の5歳の幼児から，身長と体重を測定したデータ
C. 1名の子どもの，4〜6歳時の身長と体重を追跡して測定したデータ
D. 100名の子どもの，4〜6歳時の身長と体重を追跡して測定したデータ

問2：以下の文章の（　あ　）〜（　え　）に入る適切な用語を答えてください。

　横断データに比べ，縦断データにはさまざまな長所があります。たとえば，4歳と5歳の幼児の身長の平均値を比較する場合に，横断データを用いたとしましょう。もし，横断データにおいて，年齢の要因以外のさまざまな背景要因が4歳と5歳の幼児の間で異なっている場合，その背景要因が（　あ　）要因となって，身長の平均値を正しく比較できなくなります。一方，縦断データの場合，4歳と5歳の時期をとおして背景要因が一定であるため，（　あ　）要因の影響を極力抑えることができます。

　また，縦断データは時間の経過にともなうデータの変化のパタン（発達軌跡）や，その（　い　）を見る際にも役立ちます。身長が年齢とともにどのように推移するかは，幼児によって大きく異なります。しかし，横断データでは各幼児に対して一度しかデータを観測していないために，身長の変化の（　い　）を調べることはできません。

　多変量のデータが得られ，そこから変数間の関係性を調べるときにも，縦断データは役立ちます。とりわけ調査・観察研究では，実験的な統制を行うことはできないため，この場合，基本的に変数間の（　う　）関係しか調べられず，（　え　）関係を厳密に評価することは難しくなります。しかし，縦断データを集めることにより，変数間の（　え　）関係について，横断データの場合に比べてより踏み込んで調べることができます。

第2章 縦断データにおける欠測を知る――欠測メカニズム

　第1章で解説したように，縦断データには多くの長所がありました。一方で，データが観測されない，あるいは目的としたデータの情報が部分的にしか得られないというデータの欠測の問題がよく生じます。本章では，データの欠測について，欠測が生じる理由とともに，欠測を考慮した分析法について説明します。

2.1 データが欠測する理由

　下記の「データが欠測する理由」は，星野（2009）を参考にしてまとめた一覧です。一覧にあるように，さまざまな理由からデータの欠測が生じます。とくに縦断データにおいて生じやすいのが，⑤の脱落（dropout）です[*6]。脱落は通常，一度データが得られなくなった対象のデータが，それ以降ずっと得られなくなる状況を指します。たとえば，非常に時間のかかる訪問調査の場合，回答がわずらわしくなって，2回目以降の調査に参加しない回答者が現れるかもしれません。また，高齢者を対象とした調査では，調査期間がたつにつれて，回答者の死亡によって回答者数が少なくなる傾向にあります。

データが欠測する理由

① 回答の選択枝に「わからない」が含まれているなど，回答形式による理由。

② 一定の年齢以上でないと答えられないなど，回答をするうえでの制約がある場合。たとえば，「何歳から喫煙していますか？」という質問への回答。

③ データの記入漏れや，データの紛失などの人為的ミス。

④ 回答者側の原因としての，調査・実験等への飽きや抵抗などの理由から生じる回答拒否（たとえば，年収について質問すると，対象によっては回答を拒否する場合がある）。

⑤ 回答者の転居や死亡など，調査・実験等への参加の継続不能による脱落。

⑥ データの打ち切り（測定値がある値以上，あるいはそれ以下であることはわかるものの，その実際の値は得られない場合）など，データの測定方法の制約から生じる理由。

＊6　脱落を摩耗あるいは損耗（いずれもattritionの訳）ということもあります。

⑥の打ち切り（censoring）(*7)は，横断データでもよく生じます。たとえば100kgまでしか測定できない体重計で体重を測ると，100kg以上の対象のデータは，「100kg以上」という情報以外は具体的な値はわかりません。第1章で見た，100点満点（0〜100点の範囲）で示された言語発達検査にも，測定可能な範囲があります。もしこの検査が，多くの幼児が満点をとれるような簡単なものであると，度数分布が図2-1のように偏ります。この場合，満点をとった幼児の間の個人差を評価できなくなります。つまり，本来100点をとった幼児たちの間には，個人差（強いていえば，115点をとれる幼児もいれば，130点をとれる幼児もいる）があるはずです。しかし，「100点以上の能力がある」という情報以外にはわかりませんので，これはデータの打ち切りです。とくに，ある値以上の測定値が打ち切りになる状態を**右側打ち切り（right-censoring）**，逆にある値以下の測定値が打ち切りになる状態を**左側打ち切り（left-censoring）**

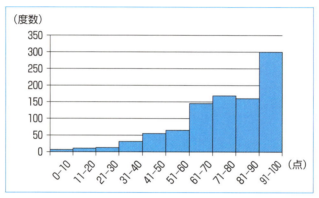

図2-1 右側打ち切り（天井効果）の例

質問コーナー

天井効果・床効果と右側・左側打ち切りの意味には違いはないのでしょうか？

天井効果と床効果は，一般に各対象についてのデータの測定が，同じ上限値と下限値を共有しているときを指します。一方で，打ち切りは，対象間や時点間で異なる上限値と下限値がある状況も含みます。たとえば，対象間で異なる上限値をもつ例として，ある疾患をもつ患者を対象に，治療後の生存期間を追跡的に調査した場合を考えてみましょう。患者によって治療を受けた時期が異なり，かつ同一の時期に各患者への調査を終えたとすると，調査の終了時点で生存している患者の治療後の生存期間は，5年や10年など患者（対象）によってさまざまです。ただし，調査が終了すればそれ以上の生存期間の情報については調べられませんので，このデータは打ち切りになり，対象間で異なる上限値をもつデータが得られます。

---

*7 本書では打ち切りを，欠測の枠組みの中で解説します。一方で，欠測と打ち切りを区別しながら，これらを不完全データと呼ばれる文脈の中でまとめて考えることもあります。また，打ち切りと似た用語に，ある区間以外の値をとるデータの観測ができず，またそのようなデータの個数も不明な状況を意味する，**切断（truncation）**があります。

といいます。なお，心理学の研究では，右側打ち切りを**天井効果**，左側打ち切りを**床効果**ということがあります。

2.2 欠測メカニズム

2.1節では欠測が起きる理由について，形式的な違いから分類しました。次に，統計的な性質の違いから分類します。ここでは，著名な統計学者であるルービンが示した分類をもとに説明します。ルービンは，欠測データが生じるメカニズムには，以下の3種類があると説明しています。

> **ルービンの欠測メカニズムの分類**
> - 完全ランダム欠測（Missing Completely At Random：MCAR）
> - ランダム欠測（Missing At Random：MAR）
> - 非ランダム欠測（Missing Not At Random：MNAR）[*8]

ここでは，1.3節でとりあげた「幼児知能」「言語理解」についての仮想的な縦断データをもとに，これらの違いを説明していきましょう。まず，次頁の図2-2の①を見てください。ここで，幼児知能のデータは，値が大きいほど幼児の知能が高いことを意味します。このデータを欠測のないデータ（完全データ）とします。

2.2.1　完全ランダム欠測

完全ランダム欠測とは，「あるデータが欠測するかどうかは，いずれのデータにも依存しない」という意味です。図2-2の②に例を示しています。言語理解のデータの一部に欠測があります。欠測部分には濃い網掛けをしています。完全ランダム欠測では，どのデータに欠測が起きるかは，いずれのデータとも無関係です。もっといえば，どのデータが欠測するかの確率は，各データで等しいことを意味しています。これは，どのデータが欠測するか，サイコロを振って決めるようなものです。そのため，データの記入漏れなどの純粋な人為的ミスは，一般に完全ランダム欠測と考えられます。完全ランダム欠測は，欠測の有無についての統計学的表現が最も単純な形でできるため，一般に分析処理が最もしやすい欠測です。

2.2.2　ランダム欠測

次に**ランダム欠測**とは，「あるデータが欠測するかどうかは，観測したデータに依存し，欠測したデータには依存しない」ことを意味します。ここで，「知能が十分に発達していないと，質問文の意味が理解できず，言語理解検査の結果が無回答（欠測）になる」という関係があると

[*8] **無視できない欠測**（Non-Ignorable Missing）や，**情報のある欠測**（Informative Missing）という言い方もあります。

① 完全データ

	幼児知能			言語理解		
	4歳	5歳	6歳	4歳	5歳	6歳
A児	88	94	91	10	60	80
B児	105	113	108	20	50	50
C児	102	100	103	30	40	90

② 完全ランダム欠測

	幼児知能			言語理解		
	4歳	5歳	6歳	4歳	5歳	6歳
A児	88	94	91	10	60	80
B児	105	113	108	20	50	50
C児	102	100	103	30	40	90

どのデータが欠測するかサイコロを振って決めるようなもの

③ ランダム欠測

	幼児知能			言語理解		
	4歳	5歳	6歳	4歳	5歳	6歳
A児	88	94	91	10	60	80
B児	105	113	108	20	50	50
C児	102	100	103	30	40	90

観測されたデータから欠測の有無を推測できる（A児の4, 5歳時の知能の測定値の低さにより欠測）

④ 非ランダム欠測

	幼児知能			言語理解		
	4歳	5歳	6歳	4歳	5歳	6歳
A児	88	94	91	10	60	80
B児	105	113	108	20	50	50
C児	102	100	103	30	40	90

欠測したデータから欠測の有無を推測できる（言語理解検査ができないことを嫌っての回答拒否）

図2-2　欠測メカニズムの例（濃い網掛け部分は欠測）

しましょう。図2-2の③のランダム欠測の例を見てください。A児に欠測が見られますが，A児は他の幼児に比べて知能の測定値が低く，このことが欠測を生じさせています[*9]。

このようにランダム欠測では，観測した他のデータが，欠測の有無について手がかりをもっていることになります。実際のランダム欠測としては，たとえば高齢者を対象とした調査での死亡による脱落があります。このとき，高齢であるほど脱落が生じやすいため，調査時の高齢者の年齢が欠測の有無を推測するための手がかりになります。このように，ランダム欠測は，欠測データの発生メカニズムが他の観測データに依存した複雑な形式になるため，完全ランダム欠測に比べて一般により高度な分析処理が必要になります。

[*9] ランダム欠測は，この例の場合，観測された幼児知能のデータが，言語理解のデータの欠測の手がかりをもつという意味です。幼児知能が一定以下であると言語理解のデータに必ず欠測が起きる，ということではありません。

2.2.3 非ランダム欠測

最後に**非ランダム欠測**とは、「あるデータが欠測するかどうかは、欠測したデータに依存している」ことを意味します。ここで、「言語理解検査の実施中、課題ができないことで幼児がやる気を失い、検査への回答を拒否した結果、言語理解のデータが欠測した」としましょう。図2-2④の非ランダム欠測の例を見てください。たとえば、A児の4歳時の言語理解のデータは、本来であれば10点となるはずでした。しかし、A児は課題ができないことで検査を続けることが嫌になり、途中で回答拒否をし、データの欠測が起きました。つまり、本来観測される予定だった（でも、観測されなった）、10点という点数の低さそのものが原因となってデータが欠測したことになります。このように、非ランダム欠測では、データの欠測の有無を欠測したデータそのものから推測できること、しかし実際には欠測の手がかりとなるデータ自体が欠測しているため、データの収集後に欠測メカニズムを事後的に特定するのがしばしば困難である状況を意味します。また、データの欠測が、欠測したデータのみならず、他の観測したデータの両方に依存する場合もあります。この場合も、非ランダム欠測です。

非ランダム欠測では、欠測メカニズムが、欠測データそのもの（および他の観測データ）に依存することから、観測データに依存するランダム欠測の場合よりも、欠測の有無についての統計学的表現はさらに複雑になり、その結果一般に最も高度な分析処理が必要になります。また、2.1節で説明したデータの打ち切りは、ある値以上（以下）のものが観測されないといったように、そのデータそのものに依存して欠測が生じているため、非ランダム欠測となります。各欠測メカニズムについての定義や該当例を、表2-1にまとめました。

表2-1 各欠測メカニズムについての定義・該当例・分析法

	完全ランダム欠測 （MCAR）	ランダム欠測 （MAR）	非ランダム欠測 （MNAR）
定義と特徴	いずれのデータも欠測とは無関係であり、各データの間で欠測が生じる確率が等しい。	データの欠測が観測データに依存する。そのため、データの欠測の有無を、観測したデータを手がかりにして推測できる。	欠測したデータそのものに依存して、欠測が生じる。そのため、データの欠測の有無を、欠測したデータを手がかりにして推測できる（しかし、実際に欠測しているデータは見られない）。
該当例	●データの記入もれ ●回答者の病欠	●縦断的な調査における高齢の回答者の死亡 ●2次試験に進めない受験者の試験の得点データの欠測（1次試験の得点の低さが2次試験の欠測の情報をもっている）	●打ち切りによって正確な重さを体重計から知ることができない場合 ●身体能力の低下により体が弱くなって検査会場に来られなかった高齢者に関する身体能力の検査データの欠測（欠測が身体能力の低さに依存）
望ましい分析法	●多重代入法 ●完全情報最尤推定法	●多重代入法 ●完全情報最尤推定法	●選択モデル ●パタン混合モデル

2.2.4 欠測メカニズムの見分け方

データに欠測があったとき，3つの欠測メカニズムのいずれに該当するのかは，分析者が判断しなくてはいけません。たとえば図2-2内の表の幼児知能のように，欠測の有無を説明できる手がかりがあれば，完全ランダム欠測であるかそうでないかについて，統計的に検定できます。ひとつの具体的な方法として，言語理解で欠測がある幼児とない幼児の間で，幼児知能の平均値に違いがあるかどうかt検定（本シリーズ第2巻2章を参照）を用いて調べる手続きがあります。このような方法を**MCAR検定**といいます（図2-3）。仮に，言語理解の観測データ群と欠測データ群の間で幼児知能の平均値の差が統計的に有意であれば，幼児知能は言語理解の欠測の有無についての情報をもっていることになります。したがって，この場合，欠測メカニズムは，完全ランダム欠測ではないことを示唆しています。

しかし，この方法では，有意な差が得られたとしても，欠測メカニズムがランダム欠測であるのか非ランダム欠測であるのかについてはわかりません。これを区別するためにはさまざまなアプローチがありますが，欠測メカニズムを純粋に統計学的な観点のみから判断することには限界があります。そのため，欠測メカニズムについては，本章の最初に示した「データが欠測する理由」をふまえ，また分析者の経験やデータの測定方法の手続き，先行研究の知見などを考慮して総合的に判断することが重要です。この点については，2.5節で少し補足します。

被検者	変数1	変数2	変数3
1	57	55	22
2		42	20
3	51	48	24
4	43	86	30
5		48	25
6		73	92
7	67	42	52
100	74	33	37

変数1が観測か欠測かでグループ分割

変数1観測	変数1	変数2	変数3
1	57	55	22
3	51	48	24
4	43	86	30
7	67	42	52

t検定　t検定

変数1欠測	変数1	変数2	変数3
2		42	20
5		48	25
6		73	92

図2-3　MCAR検定のイメージ

2.3 古典的な欠測データの分析法

ここで，8名の幼児から，言語理解の縦断データを集めた場合を考えてみましょう。表2-2の左側に示しているような完全データが得られるはずだったところ，欠測が生じて，表2-2右側のような欠測のあるデータを得たとします。また，これらの欠測は，ランダム欠測に基づいて

表 2-2　8名の幼児の言語理解についての縦断データ

	完全データ			ランダム欠測データ	
	4歳	5歳		4歳	5歳
A児	20	50	A児	20	
B児	20	30	B児	20	
C児	30	40	C児	30	40
D児	20	50	D児	20	
E児	40	60	E児	40	60
F児	30	50	F児	30	50
G児	10	20	G児	10	
H児	30	60	H児	30	60
平均	25.00	45.00			
分散	75.00	175.00			
共分散	87.50				

生じているとします．ランダム欠測データを見ると，5歳時のデータで欠測のある児童の4歳時の得点は，低い傾向にあります．つまり，4歳時の得点は5歳時の欠測の有無と関係しています．これはたとえば，4歳時で言語理解検査の課題ができなかったことで検査を続けることが嫌になり，5歳時で回答を拒否するような傾向がある場合です．完全データの表には，各年齢時の言語理解検査得点の（標本）平均，（標本）分散，そして（標本）共分散を示しています．これらの値を，ランダム欠測データからなるべく正確に復元したいとします．

　それでは，このようにデータに欠測があったときには，分析の際にどのような工夫をすればよいでしょうか．また，それは欠測メカニズムの違いに応じて，どのように変わるのでしょうか．以下ではまず，データに欠測があるときに利用されてきた古典的な方法を説明します．この方法は，大きく分けて2つあります．1つは，欠測がある対象のデータを削除する方法（以下，削除法）です．もう1つは，欠測値に他の何らかの値を1つ代入する方法（以下，代入法）です．代入法は，後述する多重代入法という方法と対比して，単一代入法（single imputation method）と呼ぶこともあります．

2.3.1　削除法

　削除法は，欠測がある対象のデータを除外し，残りのデータを用いて分析をするという考え方です．つまり，5歳時のデータに欠測のあるA児，B児，D児，G児のデータは一切用いず，データがすべて観測されたC児，E児，F児，H児のデータのみを用いるという方法です．この手続きを図2-4に示しています．図2-4には，C児，E児，F児，H児の4名のデータから，各年齢時の平均・分散，そして共分散を計算した結果を示しています．このように，削除法は，欠測のある対象のデータを削除するだけですので，手続きはとても単純です．

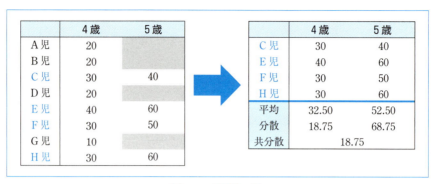

図 2-4　削除法の例

2.3.2　単一代入法

　次に，単一代入法について説明します。この方法は削除法と違って，欠測値になんらかの値を代入し，代入した値をあたかも最初から観測されている値のようにみなして分析します。最もよく知られているものは，観測されているデータの平均値や中央値などの代表値を代入する方法です。平均値に基づく代入法の例を，図 2-5 に示しました。欠測している A 児，B 児，D 児，G 児の 5 歳時のデータへ，観測された C 児，E 児，F 児，H 児のデータの平均値（40＋60＋50＋60）/4＝52.5 を代入します。図 2-5 には，この手続きをとおして計算された，各年齢時の平均・分散，そして共分散を示しています。

　単一代入法には他にも，欠測値を予測する回帰式を推定し，その回帰式から得られる予測値を代入する回帰法もよく知られています。回帰法では，欠測のない C 児，E 児，F 児，H 児のデータを利用して，4 歳時のデータから 5 歳時のデータを予測する（単）回帰分析（第 3 巻を参照）を行います。そして，得られた回帰式を利用して，欠測している A 児，B 児，D 児，G 児の 5 歳時のデータに予測値を代入します。欠測のない C 児，E 児，F 児，H 児のデータから，回帰式は

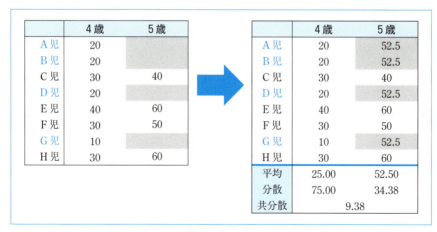

図 2-5　平均値に基づく代入法の例

以下のように推定されます。

$$5歳時の検査得点 = 20 + 1 \times (4歳時の検査得点)$$

つまり，切片が20で傾きが1と推定されました。たとえば，A児の5歳時のデータを予測してみましょう。A児の4歳時のデータは20ですので，この回帰式に当てはめると以下のようになります。

$$40 = 20 + 1 \times 20$$

B児，D児，G児についても同様に計算します。図2-6には，この手続きをとおして計算した，各年齢時の平均・分散，そして共分散を示しています。

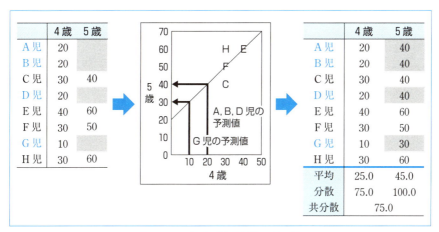

図2-6　回帰法に基づく代入法の例

2.3.3　削除法と単一代入法の問題

削除法・単一代入法はともに広く利用されていますが，重要な問題点が知られています。たとえば，削除法は単純明快な方法ですが，しばしば利用可能なデータが極端に少なくなってしまいます。先の例でも，8名のうち4名の幼児のデータしか利用できなくなります。また，欠測データのメカニズムが完全ランダム欠測でないかぎり，平均や分散，共分散の推定に偏り（バイアス）が生じます。図2-4の統計量の計算結果を見てください。表2-2の完全データの場合の結果に比べて，平均は高く，分散・共分散は小さく推定されており，値のずれも大きく，削除法ではほとんど完全データの情報を復元できていません。

これは，欠測メカニズムがランダム欠測であることが関係しています。非ランダム欠測ならまだしも，ランダム欠測のときに偏りが生じるのはなぜでしょうか。ランダム欠測は，欠測の

有無を説明できる観測データがある場合でした。そのため，欠測値のある対象のデータを削除することは，欠測に関する情報をもっている観測データを偏って削除することになります。先の例でいえば，5歳時のデータで欠測があった幼児のデータを削除すると，4歳時の知能の測定値が低い幼児のデータばかりを偏って削除することになります。そのため，削除法では完全データの情報をほとんど復元できていなかったのです。このような問題から，削除法は欠測データを扱ううえで一般に望ましい方法とはいえません。

単一代入法はどうでしょうか。削除法に比べて8名分の観測データを無駄なく利用できている点で優れています。しかし，代入値は本当の観測値ではないことによる問題が生じます。図2-5の平均値で代入したときの結果を見てください。削除法に比べて，8名分の観測データを利用しているため，4歳時のデータの平均や分散は正確に推定できています。しかし，5歳時のデータの平均は大きく，また分散と共分散は小さく推定されており，十分に復元できていません。このように，一般に平均値で代入する方法は，データの分散を過少推定します。図2-5のように，欠測した対象のデータがすべて平均値に置き換わることを想像してください。本来のデータの中にある散らばり（個人差）の情報が失われるため，分散が過小評価されるのです。これは中央値など他の代表値で代入しても同じです。

一方，回帰法は，予測の精度が高くなるような観測データが十分にあれば，有効な方法です。回帰法は，観測データを用いて回帰式を推定しました。そして，ランダム欠測とは欠測の有無が他の観測データに依存している場合でした。これより，回帰法は，欠測メカニズムがランダム欠測の場合でも利用できるため，この点は強みです。図2-6の回帰法で代入した結果を見てください。平均値は各年齢時で正確に推定できています。また，分散や共分散は小さく推定されていますが，削除法や平均値に基づく代入法に比べ，値はずっと正確です。このように，これらの方法の間では，一般に回帰法が最も優れています。

しかし，回帰法にも問題点があります。それは，回帰効果（第3巻を参照）の影響により，推定された回帰式に基づく予測値（代入値）が実際のデータに比べて極端な値をとりにくくなるということです。つまり，先の例で見たように，分散を過小評価するという偏りの問題があります。そのため，回帰法は，削除法や平均値に基づく代入法に比べて多くの場合優れてはいますが，それでも実用上十分な方法とはいえません。したがって，これまで解説してきたこれらの古典的な方法は，現在では一般に推奨されていません。

2.4 より良い欠測データの分析法

2.4.1 多重代入法

欠測データの分析として望ましいとされている方法のひとつが，**多重代入法（Multiple Imputation method）** です。多重代入法は，2.2節の欠測メカニズムの分類において紹介したルー

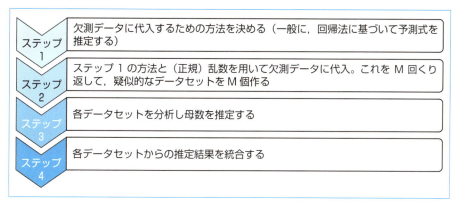

図2-7 多重代入法の手続き

ビンが提案した方法です。図2-7に手順を示しています。ステップ2にあるように，複数の完全データセットをつくるので多重代入法といいます。

多重代入法は単一代入法より一般に優れていることが知られていますが，それはなぜでしょうか。ここで，先に説明した回帰法で注意したいのは，代入した値はあくまで予測値であり，それには誤差がつきものであるということです。具体的に，誤差の大きさについての情報は，回帰式の推定の際に得られる誤差分散の推定値がもっています。回帰法ではこの予測の誤差分散を無視してひととおりの予測値で代入しているため，本来の完全データのもつ散らばりの情報が失われているのです。

そこで，多重代入法ではこの予測の誤差分散を考慮して，（正規）乱数（伴走サイト第7巻2章を参照）を用いて，予測値に誤差を加えます。それも，ひととおりでなく，さまざまな大きさの誤差を予測値に加えて，いくつもの疑似的な完全データセットを作ります。そして，個別にデータセットを分析して，その結果を統合します。つまり，回帰法のように1つの疑似的な完全データセットを作るのではありません。乱数を用いていくつもの疑似的な完全データセットを作って分析し，その結果を統合してより正確な推定結果を得ようというのが，多重代入法のねらいです。

図2-8に，実際の多重代入法の例をまとめています。まず，図2-6で見た回帰法の手続きをとおして，欠測したデータへ代入するための回帰式（予測式）を得ます。この結果から，回帰式の誤差分散は100と推定できます[*10]。そして，平均が0で分散が100（標準偏差が10）の正規乱数を発生させ，それを予測値に加えます。ここで分散が100なのは，回帰式の誤差分散の

[*10] いまの例のような単回帰式の場合，誤差分散の（不偏）推定値は以下の式で得ることができます。

$$誤差分散 = \frac{各幼児の5歳時の予測値と観測値の差の2乗和}{回帰式の推定に利用した幼児の数 - 2}$$

回帰式の推定に利用した幼児はC児，E児，F児，H児の4名です。C児の5歳時の予測値は$20+1\times30=50$と計算できます。一方C児の5歳時の実際の観測値は40です。これより，差の2乗は$(50-40)^2=100$です。E児，F児，H児についても同様の差の2乗を計算すると順に0，0，100となります。これより，上の式の分子である差の2乗和は$100+0+0+100=200$です。したがって，誤差分散は，$200/(4-2)=100$と推定できます。

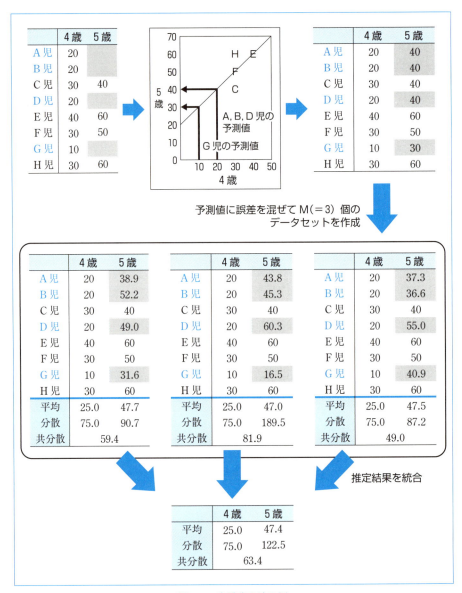

図2-8 多重代入法の例

推定値が100であったことを利用しているからです。これにより欠測データに新たな予測値（つまり，元の予測値と正規乱数の和）を代入し，データセットを作成します。この作業をM回繰り返して，M個のデータセットを作ります。たとえば，図2-8の真ん中の一番左のデータセットにおいて，A児の欠測データには，回帰式の予測値40に正規乱数の値 −1.1を加えた38.9が代入されています。正規乱数を用いているため，各データセットで代入されている値はそれぞれ異なります。

最後に，各M個のデータセットからそれぞれ母数（母平均，母分散，母共分散）の推定値を求め[*11]，それらの結果を統合して最終的な母数の推定値とします。具体的には，最終的な母

数の点推定値を計算する場合，推定されたM個の値の平均を利用します。たとえば，図2-8の3つのデータセットから5歳時の母平均が47.7, 47.0, 47.5とそれぞれ推定されました。これより，5歳時の母平均の最終的な推定値は，(47.7+47.0+47.5)/3＝47.4とします。母分散，母共分散も同様に各データセットからの推定値の平均を利用して推定します[*12]。

図2-8の下には，各年齢時の平均・分散，そして共分散の推定結果を示しています。回帰法に基づく単一代入法（図2-6）に比べて多重代入法では，5歳時の分散が大きく推定されており，より正確に復元できています。これは，正規乱数を用いて予測の誤差分散を考慮したことが反映されています。

このように，多重代入法は一般に回帰法に基づく方法であり，そのため欠測メカニズムがランダム欠測のときでも利用できます。また，より単純な欠測メカニズムである完全ランダム欠測の場合でも有効です。多重代入法は一般に単一代入法に比べ，優れた推定結果を与えることが期待されます。なお，データセット数のMについては，せいぜい10〜20程度であることが多いです。しかし，欠測の割合が高いときなどでは，Mをより大きくする必要があります。

2.4.2 完全情報最尤推定法

その他の望ましい方法として，**完全情報最尤推定法（Full Information Maximum Likelihood method：FIML）**があります。完全情報最尤推定法の考え方は，名前が示すように，「観測されているデータのもつ情報をすべて使って，**最尤推定法**により母数を推定する」というものです。このように完全情報最尤推定法は，最尤推定法による推定を前提としています。最尤推定法では，設定したモデル（つまり，母集団分布）のもとでの観測データの得られやすさを表す尤度を最大化して，モデル内の母数の推定値を得ます（第3章を参照）。つまり，最尤推定法では，「母数がどのような値のときに，観測されたデータが最も得られやすいといえるか」という観点から，尤度を最大化する母数を推定します。

さて，表2-2右のようにデータに欠測があると，観測されている変数の数が幼児によって異なります。完全情報最尤推定法ではこれを前提として，各幼児についてそれぞれ観測した変数のみを利用した尤度を考えます。そして，全体の尤度を以下とします。

全体の尤度 ＝ A児の尤度 × B児の尤度 × …… × H児の尤度　　　[2-①]

---

*11 母分散・母共分散については，推定量の不偏性を考慮して，標本分散・標本共分散ではなく不偏分散・不偏共分散を利用して推定することが一般的ですが，図2-8では，表2-2の結果と比較する目的から標本分散・標本共分散を計算しています。

*12 なお，推定値の標準誤差（SE）は，以下の式で計算できます。

$$SE = \sqrt{\frac{\Sigma_{m=1}^{M} SE_m^2}{M} + \frac{(M+1)}{M}\sigma^{*2}}$$

ここでMはデータセット数で，SE_mは，m番目のデータセットの母数の推定値の標準誤差です。また，σ^{*2}は，M個の点推定値をデータと見なしたときに計算される不偏分散です。

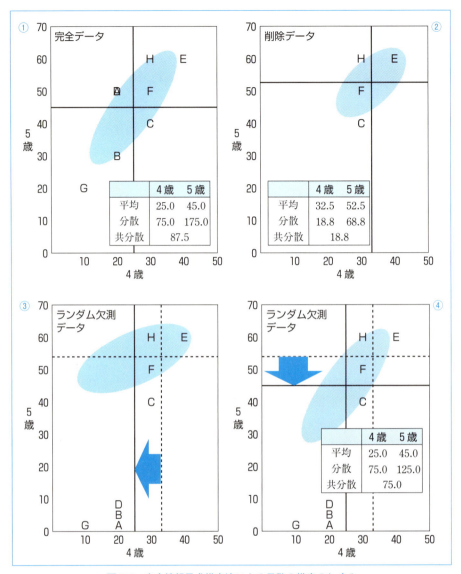

図 2-9 完全情報最尤推定法による母数の推定のしくみ

これを最大化することで，母数の推定値を得ます。通常の最尤推定法とは異なり，完全情報最尤推定法では，観測されている変数の数が多い，すなわち，母数を推定するうえで多くの情報をもつ対象であるほど，全体の尤度の値に一般により大きな影響を与えます。

完全情報最尤推定法が望ましい方法とされているのは，なぜでしょうか。図2-9に，完全情報最尤推定法による母数の推定のしくみを示しました。①は，表2-2の完全データを，横軸を4歳時の得点，縦軸を5歳時の得点とした散布図で表現したものです。また，完全データの平均・分散・共分散も図中に示しています。完全データがある場合に，全体の尤度を最大化するのが通常の最尤推定法です。最尤推定法によって平均・分散，そして共分散を推定すると，デ

ータの全体を大まかにおおうような2変量正規分布（図中のブルーの楕円）が求まります。

一方，②は削除法に基づき，5歳時で欠測のあったA，B，D，G児のデータを削除したデータ（以下，削除データ）の散布図です。図2-4で見たように，削除データの平均値は大きく，また分散は小さく推定されています。そのため，①と比べると散布図の中心の位置は右上にずれて，楕円の幅も小さくなっています。

完全情報最尤推定法では，先に述べたように，観測されているデータをすべて使います。つまり，削除データではなく，表2-2のランダム欠測データが分析対象です。下の③と④の図を見てください。2つの図では，5歳時で欠測のあったA，B，D，G児の4歳時の観測データが，横軸上に示されています。

まず，③を見ると，4歳時のデータを含めることで，②の削除データに比べて散布図の中心の位置が左側に引っ張られ（図中，左向きの矢印），また楕円の横幅も大きくなっています。これは，4歳時の平均や分散をより正確に推定できていることを反映しています。ただしこのように，利用していなかった4歳時のデータを含めて楕円を単に横長にしただけでは，4歳時と5歳時のデータ間の共分散（相関）の情報が変わってしまいます。②の削除データは，完全データに比べれば正確ではないですが，4歳時の値が大きいほど5歳時の値も大きいという，共分散の情報を本来もっています。

④の図を見てください。②の共分散の情報を反映して，③の楕円に比べ中心の位置が下側に引っ張られ（図中，下向きの矢印），また縦幅も大きくなっています。これにより，②（あるいは①）の図のような右上がりの楕円になり，③に比べ共分散をより正確に推定できます。

④の図には，完全情報最尤推定法による各年齢時の平均，分散，共分散の推定結果を示しています。全体として削除データに比べずっと正確に復元できており，また，先の多重代入法（図2-8）と同程度に，5歳時の分散も正確に推定できています。完全情報最尤推定法では，このように観測されているデータから得られる情報をすべて使うことで，①の完全データに近い推定結果を得ようとするねらいがあります。

完全情報最尤推定法は多重代入法と同様に，欠測メカニズムがランダム欠測でも適切に母数を推定できます。また，より単純な欠測メカニズムである，完全ランダム欠測の場合でも有効です。このことから，多重代入法と完全情報最尤推定法の2つは，欠測メカニズムがランダム欠測または完全ランダム欠測であるときに，欠測データの分析法として現在最も推奨されています（表2-1）。

2.4.3 多重代入法と完全情報最尤推定法の比較

それでは，多重代入法と完全情報最尤推定法は，どちらが優れているのでしょうか。または，どのように使い分けるのでしょうか。後に述べるように，いずれの方法も，母集団のデータの分布である母集団分布が正規分布に従っていること（データの正規性）を一般に仮定しています。この仮定に問題がなければ，2つの方法に基づく推定結果は漸近的に（標本サイズが大き

くなるほど）等しくなります。

　しかし，それぞれの方法には特有の仮定や手続きなどがあり，その点をふまえる必要があります。たとえば，多重代入法は乱数を使うので，分析をするたびに少し推定値が変わってしまいます。しかし，データセット数Mが欠測の数に対して十分であれば，分析をくり返しても推定結果は実用上ほとんど変わりません。また，とくに欠測データの予測の候補となる観測変数が多くある場合や，欠測が生じている変数が多くある場合，適切な予測式を与えるための回帰モデルを選択する作業が複雑になります。それでも，高い精度で欠測データを予測するために役立つ観測データが十分にあれば，完全情報最尤推定法に比べて，より適切な推定結果が得られることがあります。

　一方，完全情報最尤推定法は，最尤推定法の利点を直接生かすことができます。たとえば，標本サイズが十分に大きいとき，推定値の一致性（推定値が母数の値に収束すること），漸近正規性（推定量の標本分布が正規分布になること），漸近有効性（他の推定量に比べて標準誤差が最も小さくなること）など，数学的に望ましい性質があります。このように，2つの方法のうちいずれが良いかについては甲乙つけがたく，また条件によって変わりえます。

　また，これらの方法がともに適切でない場合もあります。多重代入法では，一般に正規乱数を用います。完全情報最尤推定法でも通常，データの正規性を仮定して尤度を計算します。しかし，実際のデータでは，正規性の仮定が満たされるとは限りません。一般に，この仮定からの多少のずれは大きな問題にはなりませんが，母集団分布が正規分布から大きくずれている場合，これらの方法による推定結果はいずれも不適切になります。この点は，正規分布以外の分布を仮定した場合でも同じであり，母集団分布の仮定と実際のデータとの間に大きなずれがあると，推定結果が大きく歪む可能性が高くなります。

　多重代入法と完全情報最尤推定法のいずれも，心理学の研究で汎用されている統計ソフトウェアの多くで実行できる環境が整ってきています。ここで説明した各方法の特性や限界を十分にふまえながら，適切な方法のもとで実際の欠測データの分析を進めていくことが大切です。

2.5　非ランダム欠測のときの分析

　多重代入法と完全情報最尤推定法は，欠測メカニズムが完全ランダム欠測かランダム欠測のときに有効です。しかし，さらに複雑な欠測メカニズムである非ランダム欠測のもとでは，残念ながら適当な方法とはいえないことが知られています。

　非ランダム欠測のときの分析として，欠測が生じるメカニズムをモデル化し，それを利用して母数を推定する手続きをふむ，選択モデル（selection model）に基づく方法があります。また，異なる欠測パタンをもつ対象ごとに，欠測データを考慮したモデルを設定して，それらを統合して推定を行うパタン混合モデル（pattern mixture model）に基づく方法もあります。これらは，一般に統計学的にはさらに高度な方法といえます。これらの方法も，多重代入法や

完全情報最尤推定法と同じで，さまざまな統計モデル上の仮定を前提としています。そのため，いずれの方法が望ましいか，またこれらの方法で欠測したデータの情報の復元が十分にできるかどうかは，条件によって変わります。

　欠測メカニズムの見分け方の説明（2.2.4項）で述べたように，欠測データの分析の問題は，統計学の方法論的観点からだけでは必ずしも完全には解決しえないという複雑な側面があります。つまり，データに欠測があるときには，欠測の理由やメカニズム，そして欠測データを扱う各方法の手続きやその仮定を吟味するとともに，データに対する知識や分析の目的なども十分にふまえながら，最も適切な分析方法を選択していくことが重要です。また，必要に応じて，異なる複数の分析方法に基づく結果を比較することも有効です。

　関連して，欠測データの分析法のみを偏重するのではなく，ほかにもより良いデータ収集上の工夫を考えることも必要でしょう。たとえば，質問紙調査の場合，データの欠測が起きにくくなるような質問項目の立て方を工夫することや，また予備調査の段階で欠測の有無を説明できそうな変数を吟味し，それを本調査内の項目として反映し，後の欠測データの分析に役立てることが挙げられます。

　データに欠測があるときの統計的方法は，現在も日進月歩の勢いで研究が進んでいます。欠測データに関するより発展的な解説については，シェーファーとグラハム（2002）やグラハム（2009）の文献が，また，選択モデルやパタン混合モデルなどのより高度な方法についての解説は，星野（2009）やエンダーズ（2011）が参考になります。

【文献】

Enders, C. K. (2011). Missing not at random models for latent growth curve analyses. *Psychological Methods*, **16**(1), 1-16.
Graham, J. W. (2009). Missing data analysis：Making it work in the real world. *Annual Review of Psychology*, **60**, 549-576.
星野崇宏（2009）．調査観察データの統計科学——因果推論・選択バイアス・データ融合．岩波書店
Schafer, J. L. & Graham, J. W. (2002). Missing data：Our view of the state of the art. *Psychological Methods*, **7**(2), 147-177.

理解できたか
チェック
してみよう！

問1：以下に説明しているデータの欠測は何と呼ばれる欠測の種類でしょうか。

(1) ある治療法の効果を調べるために，手術後の患者が病気を再発するまでの日数をデータとして収集した。しかし，調査時期は1年と限られていたため，1年以内に再発がなかった患者についてのそれ以降の情報はわからなかった。
(2) 高齢者を対象として縦断調査を実施したところ，途中で死亡した高齢者のデータについては，それ以降得られなかった。

問2：以下の文章の内容が正しければ ○ を，誤っていれば × をつけましょう。

(1) 非ランダム欠測とは，欠測の有無が他の観測データのみに依存している状況である。
(2) 一般に，データの記入もれなどの純粋な人為的ミスは，完全ランダム欠測と考えられる。
(3) データに欠測がある対象群のプロフィールを調べたところ，欠測がない対象群に比べて，男性が多い傾向が見られた。これが正しければ，このデータの欠測メカニズムは完全ランダム欠測である。
(4) 欠測メカニズムがランダム欠測であるとき，削除法を用いて分析することは一般に適切である。
(5) 欠測メカニズムがランダム欠測であるとき，データの正規性など方法の仮定に大きな誤りがなければ，完全情報最尤推定法や多重代入法を用いて分析することは一般に適切である。

問3：データに欠測が生じた際のその形式上の理由と，統計的な意味としての欠測メカニズムは必ずしも一対一に対応しません。ここで，回答拒否を理由に欠測が生じたとして，考えられうる欠測メカニズムの種類とその理由を，具体例を挙げながら説明してください。

問4：多重代入法が，回帰法に基づく（単一）代入法に比べて優れているのは，どのような理由からでしょうか。

高齢者の結晶性知能の平均値を縦断的に比較する
── 構造方程式モデリングの基礎

本章から，本格的に縦断データのための分析方法を解説します。第1章で述べたように，縦断データでは時点間の平均値の比較を行う場合，横断データと比べて，興味のある時間に関する要因以外のさまざまな交絡要因の影響を極力抑えることができます。そのため，平均値の比較がより正確にできます。時点間で平均値の差があるかどうかを調べること，また時間的な変化のパタン（発達軌跡）の特徴を把握することは，縦断データの分析のひとつの大きなテーマです。

本章ではまず，時点間で平均値の差があるかどうかを，構造方程式モデリング（Structural Equation Modeling：SEM）という手続きを用いて調べる方法を解説します。本章でもSEMの基礎知識について説明しますが，より詳細については本シリーズ第6巻を参照してください。また，後の章の準備として，モデル選択と呼ばれる問題についても解説します。そして第4～5章では，縦断データから発達軌跡の特徴や，その個人差の大きさを調べる方法を解説します。

3.1 高齢者の結晶性知能 ── 平均値の変化

世界規模で高齢化が進むなかで，日本がとりわけ類をみないスピードで超高齢社会を迎えた原因の一つに，子どもの数が少ないこと，つまり少子化が挙げられます。たとえば，厚生労働省の人口動態調査によると，2013年の合計特殊出生率（女性が一生の間に産む子どもの平均数）は1.43でした。女性は，全人口のおおよそ半分ですので，1人の女性が2人の子どもを出産すれば，つまり合計特殊出生率が2.0であれば，総人口の増減はなく横ばいになる計算となります。ただし，実際は人口動態調査が示しているように，出生時男女比（産まれる女の子の数を100としたときの，男の子の数の比）は，戦後以降毎年105～107のあたりを推移しており，男児のほうがやや多く産まれる傾向にあります。また，出産可能な年齢に至らずに交通事故や病気で亡くなる女性もいます。これらのことから，人口の減少を止めるためには，合計特殊出生率は2よりもやや大きい2.07程度は必要といわれています。

3.1.1 高齢者研究と発達心理学

発達心理学は心理学の一分野ですが，発達心理学自体もいくつかの下位分野を含む広大な学

問領域です。それらは，たとえば扱う対象の年齢段階に対応して，乳幼児心理学・児童心理学・青年心理学・老年心理学のような形に分けることができます。「発達」というと「成長」のイメージが先行しやすいこともあり，子どもの発達に関する心理学が発達心理学である，というイメージが強いかもしれません。しかし，人の一生涯における身体的・心理的・社会的な成長・変化のあり方全般を理解するための学問が発達心理学であり，そのため，年齢段階からは子どもと対極的な位置にある高齢者についての研究も，発達心理学研究における重要な一分野といえます。また，心理学の枠を超えた，高齢者や高齢社会に関する複合領域的な研究分野は老年学（Gerontology）と呼ばれ，日本はその研究の注目を世界中から集めています。その背景には，わが国が2007年に，65歳以上[*13]の高齢者人口の割合が総人口に対して21％以上を占める超高齢社会をいち早く迎えたことと，大きく関係があるでしょう。

3.1.2 高齢者における知的能力の変化

　超高齢社会であるいま，高齢者の社会生活や身体機能の加齢による変化，およびその個人差を正確に把握することが重要になっています（宇佐美・菅原，2012）。一般に，老化ということばがあるように，高齢期には視力・聴力・脚力などのさまざまな身体的能力や，また記憶能力などの認知的能力が低下することが知られています。さらに，子離れによる親役割の喪失，定年退職にともなう社会的な立場・経済基盤の喪失など，一般に老化は社会的・心理的な意味でも，ネガティヴな側面から語られることが多くあります。その一方で，認知的能力の一部には，高齢期に入ってもむしろ伸び続ける，もしくはその低下があまり著しくないものがあることが知られています。

　そのひとつに，結晶性知能が挙げられるでしょう。心理学者のキャッテルは，人間の知的活動を支える知能を，流動性知能と結晶性知能に分けてとらえました。流動性知能とは，未知の問題を解決する能力や，新しい環境への適応能力にかかわるとされる知的能力です。一方，結晶性知能とは，流動性知能を基盤とするものであり，過去の学習に基づく知識や経験に裏づけられた判断力や理解力に主に関わる知的能力です。流動性知能は10，20代の早い時期にピークが来る一方で，結晶性知能のピークはずっと遅く，たとえば高齢期になっても伸び続ける高齢者もおり，またその衰えがある場合でも，その変化は比較的緩やかであるとされています。

　人の知的能力を測定・評価するための知能検査として有名なものに，ウェクスラー式知能検査があります。ウェクスラー式知能検査は，就学前幼児用としてWPPSI，児童用としてWISC-IV，成人用としてWAIS-IIIがあります。これらの検査では，伝統的に言語性知能と動作性知能という二側面に分けて，知能の測定を行っています[*14]。先に説明した結晶性知能は大まか

---

*13　高齢者を定義するうえでの年齢の基準は世界的には統一されていませんが，日本の公的な調査では，一般に65歳以上とされています。

*14　ただし，知能とは何かという議論は現在でもなされており，このような伝統的な分類基準は必ずしも中心的に利用されていません。たとえば，WISC-IVではこれら2つの知能ではなく，より細分化された枠組みをもつ知能の概念のもとで測定・評価を行います。

には言語性知能と対応しており，言語性知能に関わる一部の下位検査の結果を通して結晶性知能の高さを測定・評価できるとされています。

3.1.3 高齢者の結晶性知能の変化を理解する

ここでは，例として，日本の高齢者の結晶性知能が平均的にどのような変化を遂げているのかを正確に評価するために，縦断データを収集して調べた状況を考えてみましょう。同じ高齢者を追跡した縦断データを通して，高齢者のもつ背景要因を各年齢（時点）間で均一化することで，ありうる交絡要因の影響を極力抑え，知能の変化をより正しく評価できると期待されます。そこで，50名の高齢者について，55歳・65歳・75歳時にWAIS-IIIを実施し，検査得点の変化を追跡して調べたとします[*15]。

表3-1では，結晶性知能にとくに関わるとされる，WAIS-IIIの下位検査である「知識」と「単語」の粗点の合計点（ここでは，例示を簡単にするため，合計点を100点満点に規準化した値）に関する，縦断データ（仮想データ）を示しています。「知識」は，日常的な事柄や場所，歴史上の人物などの一般的事実についての質問をして，その知識量を測定する下位検査です。「単語」は，とくに単語（語彙）に関する知識を問う下位検査です。表の最終行には，各年齢時の結晶性知能（合計点）の平均・分散を示しています。加齢にともない平均点が少しずつ高くなっていることがわかります。この結果から，

表3-1 結晶性知能データ（仮想データ）

ID	結晶55歳	結晶65歳	結晶75歳
1	51	39	39
2	63	60	72
3	27	42	45
4	78	66	90
5	3	21	9
6	78	66	78
7	48	39	45
8	24	24	36
⋮	⋮	⋮	⋮
50	42	42	48
平均	44.70	47.10	51.24
分散	387.09	325.89	369.66

※WAIS-IIIの下位検査である「知識」と「単語」の粗点の合計点を100点満点に規準化。

表3-1の50名の標本の結果を一般化して，「日本の高齢者では，55歳時・65歳時・75歳時の結晶性知能の平均に差がある」といえるでしょうか。つまり，いま見た50名の高齢者（標本）の各年齢時における結晶性知能の平均（標本平均）の差は，仮にわが国の高齢者（母集団）の各年齢時の平均（母平均）に本当は差がなかったとしても，偶然に起こりうる程度の差といえるかどうかを，統計学的に考えてみましょう。

このように，3時点（55歳時・65歳時・75歳時）の平均値の違いを調べるときによく用いる方法は，分散分析です（第2巻を参照）。とくに縦断データでは，同じ対象に対してくり返しデータを集めているので，実験参加者内分散分析を利用できます。SEMは，後で示すように分散分析モデルも含む，より一般的な理論体系です。そのため本章では，後の章のためのステップアップもかねて，SEMを使って各時点の平均値を比較する方法を説明します。その後，分散分

[*15] 上述のように，一般に高齢者とは65歳以上の人を指しますが，ここでは結晶性知能の変化を縦断的に把握する目的から，その前の中年期にあたる55歳から測定を始めた状況を考えます。

析モデルと比べながらSEMの利点を解説します。

3.2 構造方程式モデリングの基礎

　SEMは，分散分析モデルだけでなく，重回帰モデル（第3・6巻を参照）や因子分析モデル（第3，4，6巻を参照）なども含む，一般性の高い理論体系です。縦断データ分析のためにも，SEMは広く用いられています。SEMの基本的な手続きは，「データを説明するさまざまな統計モデルを設定して，各モデルのデータへの当てはまりを見ていきながら最適なモデルを選択する」とまとめることができます（図3-1）。そしてSEMでは，分析者の考えるさまざまな研究仮説を柔軟にモデルとして表現できます。

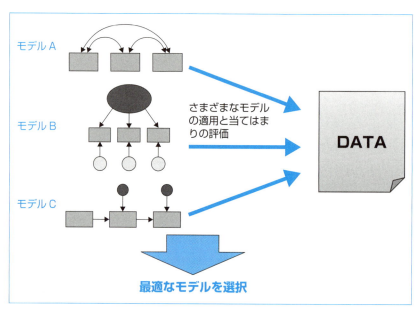

図3-1　構造方程式モデリング（SEM）のイメージ

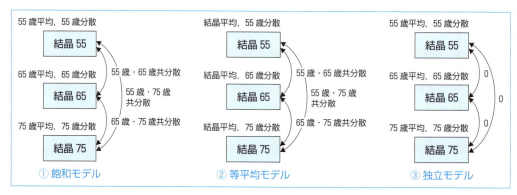

図3-2　各モデルのパス図

第3章　高齢者の結晶性知能の平均値を縦断的に比較する──構造方程式モデリングの基礎　35

　表3-1のように，3時点のデータがあるときの，各時点の平均値を比較する問題を考えてみましょう。ここで，データを説明する統計モデルとして，「各時点の平均値がそれぞれ異なる」という仮説に基づくモデルを考えてみます。このモデルを図3-2の①に示しました。モデルを表現するためのこのような図を，パス図（path diagram）といいます。図中のブルーの長方形は，実際に観測された各年齢時の結晶性知能を意味する観測変数です。各観測変数の上にある「平均」と「分散」は，たとえば，「結晶55」の変数の場合は，55歳時の結晶性知能の平均と分散を意味します。同様に，「結晶65」の場合は65歳時の結晶性知能の平均と分散を，「結晶75」の場合は75歳時の結晶性知能の平均と分散をそれぞれ意味します。

　また，観測変数間についている双方向の矢印（双方向パス）とその横の文字は，2つの変数間の共分散を表します。たとえば，「55歳・65歳共分散」は，55歳時の結晶性知能と65歳時の結晶性知能の共分散を意味します。同様に，「55歳・75歳共分散」は55歳時の結晶性知能と75歳時の結晶性知能の共分散を，「65歳・75歳共分散」は65歳時の結晶性知能と75歳時の結晶性知能の共分散を，それぞれ意味します。

　これらより，このモデル（パス図）には55歳平均，65歳平均，75歳平均，55歳分散，65歳分散，75歳分散，55歳・65歳共分散，55歳・75歳共分散，65歳・75歳共分散の計9つの文字が書き込まれているとわかります。これらは，分析をして具体的な数値が推定される，モデルの母数です。このモデルのように，各観測変数の平均・分散，および観測変数間の共分散を表す母数をそれぞれ個別に設定するモデルを，飽和モデル（saturated model）と呼びます。飽和モデルは母数について変数間で制約がないモデルともいえ，データに最もよく当てはまるモデルです。

　別のモデルも考えてみましょう。たとえば，「各時点の平均値は等しい」というモデル（以下，等平均モデル）を考えます。等平均モデルのパス図を，図3-2の②に示しました。飽和モデルと一見同じですが，等平均モデルでは各時点で平均が同じであること，つまり，「55歳平均＝65歳平均＝75歳平均＝結晶平均」という関係にあることを仮定している点が異なります。等平均モデルには，結晶平均，55歳分散，65歳分散，75歳分散，55歳・65歳共分散，55歳・75歳共分散，65歳・75歳共分散の計7つの母数があります。

　さらに，もう1つ別のモデルを考えます。飽和モデルと等平均モデルでは変数間の共分散を，55歳・65歳共分散，55歳・75歳共分散，65歳・75歳共分散の3つの母数で別々に表現しました。ここですべての共分散を0，つまり「55歳・65歳共分散＝55歳・75歳共分散＝65歳・75歳共分散＝0」とするモデルを考えてみます。共分散が0であるとき，相関も0です。互いに独立である変数は無相関なので，このモデルを独立モデル（independent model）と呼びます（図3-2の③）。変数間の共分散が0であることを反映して，双方向パスの横の文字が0となっており，母数が固定されています。独立モデルでは，55歳平均，65歳平均，75歳平均，55歳分散，65歳分散，75歳分散の計6つの母数があります。

　3つのモデルを表3-1のデータに当てはめて，母数の推定を行った結果が図3-3です。母数の

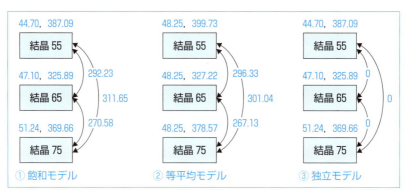

図 3-3　各モデルの推定結果

推定には最尤推定法を用いました[*16]。まず，飽和モデルの結果を見てみましょう。飽和モデルは，平均・分散・共分散を表す母数を，それぞれ変数別に設定するモデルでした。そのため，表3-1にある平均・分散の結果と，図3-3の①での推定値が一致しています（また，表3-1では示していませんが，共分散も一致しています）。

次に，等平均モデルの結果を見てみましょう。等平均モデルでは，55歳時・65歳時・75歳時で平均がすべて等しいと仮定しました。「結晶平均」の推定値を見ると，これらの時点の結晶性知能の平均が等しく48.25と推定されています。また，この仮定の影響をうけて，分散・共分散の推定値が飽和モデルとは少し異なっています。最後に，独立モデルでは，各時点の平均と分散が，飽和モデルと同じ推定値になりました。また，モデルの仮定を反映して，共分散の値は0が示されています。このように，一般にSEMでは，分析者の設定したさまざまなモデルをデータに当てはめて，各モデルの母数を推定します。

3.3　モデル選択

3.2節では，表3-1のデータに3つのモデルを当てはめて，母数を推定しました。それぞれのモデルは，各時点の平均や共分散の仮定が異なっています。それでは，データを説明するうえでどれが優れたモデルなのでしょうか。このような問題をモデル選択（model selection）といいます。本章では，モデル選択の手続きとして広く知られている，情報量規準（information criterion）と適合度指標（model fit index）について紹介します。以下ではまず，これらの基礎となる概念を説明します。

[*16] 3つのモデルはそれぞれ，各変数（間）の平均や共分散について異なる仮定がありました。しかし，最尤推定法を利用するうえで各モデルで共通して設定される一般的な仮定があります。それは，母集団において3時点の結晶性知能のデータが多変量正規分布にしたがう，ということです。これは，各年齢時の結晶性知能のデータが，正規分布にしたがうことを意味します。本書では，以降の例でもこの仮定を前提として説明を進めていきます。

3.3.1 モデルの良さの評価

●**尤度**● モデルの「良さ」の指標として，モデルがデータにどのくらい良く当てはまっているかを考えます。すなわち，モデルにより推定された平均・分散・共分散が，実際のデータとどのくらい近いか（あるいは遠いか）ということです。3.2節では3つのモデルの母数を，最尤推定法を用いて推定しました。最尤推定法では，設定したモデルのもとでの観測データの得られやすさを意味する尤度を最大化することで，母数の推定値を得ます。最大化された尤度の大きさは，モデルとデータの間の整合性の高さの程度を表しているので，モデルのデータへの当

尤度と最尤推定法についてもう少し詳しく教えてください

尤度とは，観測データの得られやすさを表す量であり，それを最大化して母数を推定する方法が最尤推定法でした（第2章）。たとえば，白玉と黒玉がたくさん入っている袋からいくつか玉を無作為に取り出して，袋の中の白玉と黒玉の比率を推定したいとしましょう。つまり，袋の中の白玉と黒玉の比率が，推定したい母数です（ここでは，それらを簡単に「白玉率」「黒玉率」と表現します）。そして，取り出した玉を戻さずに，その袋から10個だけ玉を取り出したら，順に，「白玉，黒玉，白玉，白玉，黒玉，白玉，白玉，黒玉，黒玉，白玉」となり，白玉が6個，黒玉が4個でした。

いまのようなデータが得られる確率は，白玉率＋黒玉率＝1の関係に注意すると，以下のようになります。

$$\text{白玉率}^6 \times \text{黒玉率}^4 = \text{白玉率}^6 \times (1 - \text{白玉率})^4$$

このように，データの得られる確率を母数（右辺の白玉率）の関数で表現したものは，**尤度関数**といいます。また，尤度は個々の母数の値に対応する尤度関数の値を表すと言い換えられます。では，尤度が最大になるためには，白玉率がどのような値になればよいでしょうか。白玉率（その定義から，0〜1の値をとります）の違いに応じた尤度関数の値，つまり上記の確率の計算結果の推移を示したものが下の図です。図を見ると，白玉率＝0.6のときに尤度が最大になります。

ちょうどこれは，10個中6個白玉が得られたので，その比率である6/10に対応しています。つまり，最尤推定法による推定では，「10個中6個白玉が得られたのだから，袋の中にも同じ比率で，つまり0.6の比率で白玉が含まれていると考えるのが妥当だ」とするわけです。このように，最尤推定法では，データが得られる確率を尤度関数で表現し，尤度を最大化することで母数の推定値（これを，**最尤推定値**といいます）を得ます。3.2節で見たように，SEM

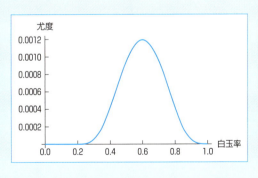

では設定したモデルの違いに応じて，母数の数や種類に違いがありました。これにより，モデルの違いに応じて尤度関数の構造が変わり，同じデータであっても，最大化された尤度の大きさがモデル間で異なってくるのです。この違いが，データへの当てはまりが最も良いモデルは何かを判断する材料となります。

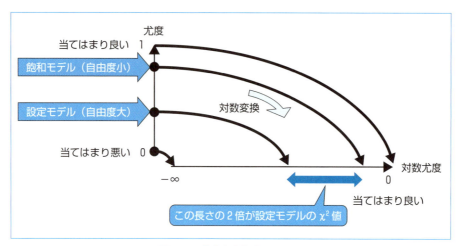

図 3-4 χ^2 適合度検定の概念図

てはまりの良さを示すよい情報となります。

　尤度は，確率と同じように，0～1の間の値をとります。もし，モデルがデータによく当てはまっていれば，尤度は相対的に1に近くなります。飽和モデルでは，各変数（間）の平均・分散・共分散をすべて別々に推定するため，最もデータによく当てはまるモデルでした。そのため，飽和モデルの尤度は，他のモデルの尤度に比べ1に近くなります（図3-4の縦軸を見てください）。反対に，データによく当てはまっていないモデルの尤度は，0に近くなります。

●**対数尤度**●　対数尤度は，尤度を対数（伴走サイトの第6巻3章を参照）に変換したものです。0～1の範囲をとる尤度を対数に変換するので，対数尤度は $-\infty$（負の無限大）～0の範囲の値をとります（図3-4の横軸を見てください）。0を対数に変換すると $-\infty$ となり，1を対数に変換すると0となるからです。つまり，対数尤度が0に近いほどデータへの当てはまりが良いことを意味します。反対に，絶対値の大きい負の値であるほど，データへの当てはまりが悪いことを意味します。表3-2に，3つのモデルの対数尤度を示しています。飽和モデルが最も0に近い対数尤度を示しており，データへの当てはまりが最も良いことを表しています。

表 3-2　飽和モデル・等平均モデル・独立モデルの適合度に関する結果

	対数尤度	母数の数	自由度	χ^2値	p値	AIC	BIC	CFI	RMSEA
飽和モデル	−448.04	9	0	0.00	1.000	18.00	35.21	1.000	−
等平均モデル	−454.86	7	2	13.64	0.001	27.64	41.02	0.897	0.345
独立モデル	−506.12	6	3	116.16	0.000	128.16	139.63	0.000	0.877

●**自由度**●　推定する母数の数が多い複雑なモデルほど，データを説明するうえでのモデルの表現力が一般に高くなるためデータへの当てはまりは良くなり，対数尤度が0に近くなる傾向があります。そのため，モデルの「良さ」の指標としてモデルの当てはまりを考えるだけでは，

多くの母数を使っている飽和モデルが常に最も良いモデルとなってしまいます。したがって，これでは，他のモデルを考える意味がなくなってしまいます。

また，もし母数の数が異なる2つのモデルの対数尤度に大差がないのであれば，母数の数が少ない単純なモデルのほうが好ましいです。単純なモデルのほうが結果を解釈しやすく，母数の推定値も一般に安定するからです。ここで，母数の数，すなわちモデルの複雑性を表す指標に，モデルの**自由度（degree of freedom）**があります。モデルの自由度は，以下の式で表すことができます。

> 自由度 = データの平均・分散・共分散の総数 − モデルの母数の数　　［3-①］

このように，母数の数が少ない単純なモデルほど，減数が小さくなるため，自由度が大きくなります。たとえば，表3-1の3時点のデータから，平均が3つ，分散が3つ，共分散が3つ計算できますので，データの平均・分散・共分散の総数は9つです。飽和モデルの母数の数は先にみたように9つ，等平均モデルは7つ，そして独立モデルは6つでした。したがって，飽和モデル・等平均モデル・独立モデルの自由度は，［3-①］式から，それぞれ順に9−9＝0，9−7＝2，9−6＝3です。このように，ここでは独立モデルが母数の数が一番少ないので，自由度が最も大きくなります。また飽和モデルは，各観測変数の平均・分散および観測変数間の共分散をすべて母数として推定するため，自由度の値が必ず0になります。

●**χ^2適合度検定**●　ここまで見てきた，データへの当てはまりの良さを表す対数尤度と，モデルの複雑性を表す自由度を同時に考えてモデルの良さを評価する手続きに，**χ^2適合度検定（Chi-square test for goodness of fit）**があります。**適合度**とは，モデルのデータへの当てはまりの良さの程度のことです。この検定では，分析者が設定したモデル（以下，設定モデル）の当てはまりを，以下の式で計算されるχ^2値により評価します。

> χ^2 ＝ 2×（飽和モデルの対数尤度 − 設定モデルの対数尤度）　　［3-②］

χ^2値の大きさは，飽和モデルと比較したときの，設定モデルの当てはまりの悪さを表しています。図3-4の横軸の下にあるブルーの矢印の長さの2倍が，χ^2値に相当します。つまり，χ^2値が大きいほど，矢印は長くなります。このとき，当てはまりの良い飽和モデルとの差が大きいこと，つまり設定モデルの当てはまりが悪いことを意味します。逆に，χ^2値が小さいほど，矢印は短くなります。このとき，設定モデルの当てはまりが良いことを意味します。

χ^2適合度検定では，「設定モデルと飽和モデルの間で，データへの当てはまりの良さが等しい」という帰無仮説のもとで，χ^2値と設定モデルの自由度を利用して検定します。もし，χ^2値の大きさが統計的に有意であれば，帰無仮説を棄却します。つまり，このとき設定モデルと飽

和モデルは，データへの当てはまりが等しくなく，設定モデルの当てはまりのほうが悪いことを意味しますので，飽和モデルを選択します。一方，もしχ^2値が統計的に有意でなければ，帰無仮説を棄却しません。つまり，このとき2つのモデ

図3-5　χ^2適合度検定によるモデル選択

ルのデータへの当てはまりに大きな違いはないので，母数の少ないより単純なモデルである設定モデルを選択します（図3-5）。

　表3-2には，各モデルのχ^2値を示しています。まず，設定モデルが等平均モデルのときを見ましょう。$\chi^2=13.64$となっています。実際に，飽和モデルの対数尤度は-448.04であり，等平均モデルでは-454.86ですので，[3-②]式から以下のようになり一致します。

$$2\times\{-448.04-(-454.86)\}=13.64$$

　そして，等平均モデルの自由度は2でした。検定の有意水準を5%とした場合，自由度2のχ^2分布における上側5%点の臨界値は5.991です。$\chi^2=13.64$は5.991より大きいので，帰無仮説を棄却します。飽和モデルに比べ等平均モデルの当てはまりは統計的に有意に悪いことを示しています。そのため，飽和モデルを選択します。したがって，飽和モデルが仮定しているように，3つの時点間の結晶性知能の平均に差があることを示唆しています。

　なお，設定モデルが飽和モデルのとき，[3-②]式を見るとわかるように，カッコの中は「飽和モデルの対数尤度－飽和モデルの対数尤度＝0」となり，$\chi^2=0$と計算できます。このように，飽和モデルではモデルがデータに完全に当てはまるので，必ず$\chi^2=0$になります。

3.3.2　情報量規準

●AIC●　χ^2適合度検定により，χ^2値を使って設定モデルの当てはまりを評価できることはわかりました。しかし，χ^2適合度検定は，統計的検定に基づく方法であるがゆえの問題点があります。統計的検定は，一般に「標本サイズが大きくなるほど，帰無仮説は棄却されやすくなる」という性質をもっています。そのため，標本サイズが大きくなるほど，仮に設定モデルと飽和モデルのデータへの当てはまりに実質的な違いがなくてもχ^2値は大きくなり，帰無仮説は棄却されやすくなります。つまり，設定モデルの当てはまりが悪いと判断され，飽和モデルが選択されやすくなります。このように，χ^2適合度検定における検定結果は標本サイズに強く依存し，そのため実際の検定結果と，設定モデルの当てはまりの良さについての印象との間には隔たりがある場合があります。

　情報量規準は，モデル選択の目的で広く利用されている方法のひとつです。情報量規準は，

χ^2適合度検定のように，データへの当てはまり（対数尤度）とモデルの複雑さ（母数の数）の2つを考慮した指標です。情報量規準にはいくつか種類がありますが，最も有名なもののひとつとして**赤池情報量規準（Akaike Information Criterion：AIC）**があります。AICは，以下の式で表されます。

$$\text{AIC} = \chi^2 + 2 \times 母数の数 \qquad [3\text{-}③]$$

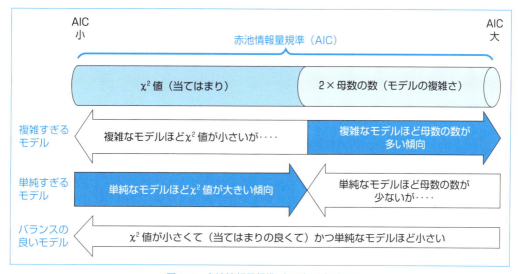

図3-6　赤池情報量規準（AIC）の概念図

AICは，その値が小さいモデルほど良いことを意味します。図3-6は，AICのしくみを図示したものです。棒の長さは，AICの大きさを意味しています。[3-③]式のように，AICは，χ^2値と「2×母数の数」の和で計算します。

一番上の白と青の矢印を見てください。これは，当てはまりの良いモデルほど，χ^2値が小さくなることを示しています。左向きの白い矢印は，これにより棒が短くなり，AICが小さくなることを意味します。しかし，そのような当てはまりの良いモデルは，母数が多い複雑なモデルである傾向にあります。したがって，χ^2値が小さい（当てはまりの良い）モデルであっても，母数の数が多い複雑なモデルのAICは大きくなります。図の右向きの青い矢印は，母数の数が多いことにより棒が長くなり，AICが大きくなることを意味します。

それでは，母数が少ない単純なモデルが良いかというと，それほど簡単な話ではありません。そのようなモデルは，データにうまく当てはまらず，今度はχ^2値が大きくなりやすいからです。2番目の白と青の矢印を見てください。1番目の場合と矢印の方向が逆になっています。これらより，AICは，[3-③]式に基づき，データへの当てはまり（χ^2値）とモデルの複雑さ（母数の数）のバランスが良いときに，値が最も小さく（＝棒が最も短く）なります。

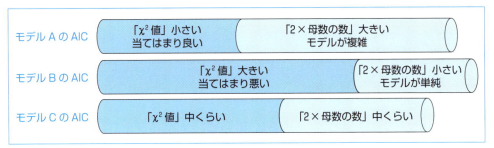

図3-7　赤池情報量規準（AIC）を用いたモデル選択

　図3-7に，AICによるモデル選択のイメージ図を示しました。3つのモデル（モデルA・モデルB・モデルC）のAICを比較しています。モデルAは，3つのモデルの中で最も当てはまりが良い（χ^2値が小さい）のですが，3つのモデルの中で，母数の数が最も多くなっています。モデルBは，単純なモデル（母数の数が少ない）ではあるものの，3つのモデルの中で最も当てはまりが悪く，χ^2値が大きくなっています。結果的に，3つのモデルの中で最も棒が長く，AICが大きくなっています。モデルCは，3つのモデルの中でχ^2値が一番小さいわけではなく，また最も母数の数が少ないというわけでもありません。しかし，モデルの当てはまりと母数の数のバランスが良く，AICの値が最も小さく（＝棒が最も短く）なっています。そのため，3つのモデルの中からモデルCを選択します。このように，情報量規準は，複数のモデルの良さを比較するときに用います。

●BIC●　また，AIC以外によく利用される情報量規準として，以下の式で表される，ベイジアン情報量規準（Bayesian Information Criterion：BIC）があります。

$$BIC = \chi^2 + \log(標本サイズ) \times 母数の数 \quad [3\text{-}④]$$

　logは自然対数であり，値を対数に変換することを意味します。このようにBICは，標本サイズの大きさも考慮しています。また，AICと同様に，値が小さいほどモデルとして良いことを意味します。

　AICとBICは，モデルの良さについて，それぞれ異なった観点から提案されています。したがって，これらをモデル選択のときに併用するのは，選択の基準に一貫性がないという考え方があります。しかし，良いモデルを選ぶという目的は共通していることから，これら2つの指標（さらにはその他の指標）を併用しながらモデル選択が行われることは実際に多いです。一般に，BICはAICよりも，母数の数が少ないより単純なモデルを選択しやすい傾向にあります。逆に，AICはBICよりも，母数の多い複雑なモデルを選択しやすい傾向にあります（Usami, 2014）。

　表3-2には，飽和モデル・等平均モデル・独立モデルのAIC，BICを示しています。AIC，BICいずれも飽和モデルが最も小さい値を示しており，飽和モデルを支持しています。

3.3.3 適合度指標

3.3.2項で見たように，情報量規準は，複数のモデルの中でどれが優れているかを調べる，相対比較のための指標です。一方で，モデルの良さの相対比較だけではなく，1つのモデルの良さを絶対的に吟味する，という視点も重要です。SEMの文脈では，モデルの良さを絶対的に評価するうえで役立つ指標である，適合度指標が数多く提案されています。本章ではその中でも，**CFI（Comparative Fit Index）**と**RMSEA（Root Mean Squared Error of Approximation）**の2つの指標について紹介します。

● **CFI** ● 図3-2の③のように，観測変数間の共分散が0（つまり，相関が0）であることを仮定したモデルを，独立モデルといいました。そして飽和モデルは，各観測変数の平均，分散，および観測変数間の共分散に対応する母数をすべて個別に推定する，最も当てはまりの良いモデルでした。CFIは，設定モデルのデータへの当てはまりの良さの程度が，独立モデルから飽和モデルの間のどのあたりに位置するかを表す指標で，以下の式で表されます。

$$\text{CFI} = 1 - \frac{\chi^2_{設定} - 自由度_{設定}}{\chi^2_{独立} - 自由度_{独立}} \quad [3\text{-}⑤]$$

CFIは0〜1の値をとり，値が大きいほど設定モデルが優れていることを意味します。ここで，$\chi^2_{設定}$と自由度$_{設定}$は設定モデルのχ^2値と自由度を，$\chi^2_{独立}$と自由度$_{独立}$は独立モデルのχ^2値と自由度をそれぞれ意味します。

図3-8は，CFIを説明するための概念図です。独立モデルは，変数間の共分散をすべて0と仮

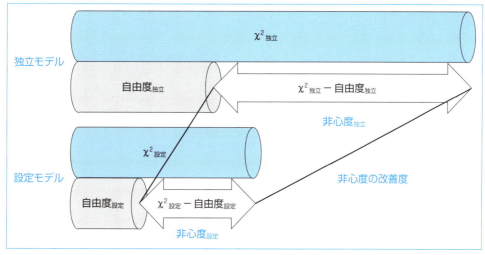

図3-8 CFIの概念図

定しますが，一般にこの仮定はとても強いことから，独立モデルは当てはまりが悪くなり，χ^2 値が大きくなります。一方で，母数の数が少ないため，自由度が大きくなります。そして，設定モデルでは，独立モデルよりも一般に母数の数が多くなるため，自由度は小さくなります。ただし，そのぶん，一般に当てはまりが改善されるため，χ^2 値も小さくなります。このようにCFIも，前項の情報量規準で見たように，データへの当てはまり（χ^2 値）とモデルの複雑さ（自由度）のバランスを考えます。

CFIは，図3-8の白い矢印が示しているように，χ^2 値と自由度の差である**非心度**という量をもとにしています。非心度が小さいほど，χ^2 値と自由度の差が小さい，すなわちデータへの当てはまりとモデルの複雑さのバランスが良いことを意味します。[3-⑤] 式より，CFIは，設定モデルの非心度が独立モデルの非心度に比べて小さいほど，1に近くなる指標です。もし設定モデルにおいて，自由度の大きさに比べて χ^2 値が十分小さくなれば，非心度を大きく減らすことができるため，CFIは1に近くなります。

[3-⑤] 式の定義から，飽和モデルのCFIは1になります。飽和モデルの χ^2 値と自由度は，ともに0（つまり非心度も0）だからです。また，独立モデルのCFIは0になります。右辺の第2項の分子と分母が等しくなり1になるからです。なお，CFIが1より大きい値のときは1と定義し，また0より小さい値のときは0と定義します。このことから，最初に述べたように，CFIは設定モデルのデータへの当てはまりの良さが，独立モデルから飽和モデルの間のどのあたりに位置するかを表す指標といえます。

CFIは，0.95より大きいとモデルのデータへの当てはまりが良い，とする判断基準があります。CFIに限らず，統計的な指標値には，このように結果を判断するうえで参考となる基準が与えられていることがしばしばあり，応用上便利です。しかし，データの性質や分析の目的を無視して，無批判的にこのような基準を適用するのは避けるべきでしょう。たとえば，母数の数が少ない単純なモデルで，多くの変数間の関係から生じる複雑な現象を単純化して説明することが目的の場合など，CFIが0.9程度でも十分に満足できるときもあります。

●**RMSEA**● RMSEAは，以下の式で表される，χ^2 値と自由度に加えて標本サイズを考慮した指標です。

$$\text{RMSEA} = \sqrt{\frac{\chi^2_{設定} - 自由度_{設定}}{自由度_{設定} \times (標本サイズ - 1)}} \qquad [3\text{-}⑥]$$

設定モデルの χ^2 値（$\chi^2_{設定}$）を十分小さくできれば，分子である χ^2 値と自由度の差，つまり非心度を小さくできます。[3-⑥] 式を見るとわかるように，RMSEAではこの非心度を自由度で割っています。つまり，自由度が大きいほど（母数が少ない単純なモデルほど），RMSEAは小さくなります。さらに，標本サイズが大きくなるほど，χ^2 値は大きくなること（3.3.2項「AIC」

参照）を考慮して，標本サイズ（実際は標本サイズ−1）でも割っています。これらより，RMSEAは「1自由度あたりの非心度の平均」ともいえます。

RMSEAは0〜∞の範囲で定義され，0に近いほど（つまり，小さいほど）モデルが優れていることを意味します。非心度が負の場合は，RMSEAは0とします。RMSEAは，0.05を下回るとデータへの当てはまりが良い，とする判断基準があります[*17]。ただし，RMSEAについても，無批判的にこの基準を適用するのは避けるべきです。なお，飽和モデルは自由度が0であるため，RMSEAを計算することができません。分母が0であると分数の値が定義できないからです。

3.3.4 モデル選択の実際

ここまで情報量規準と適合度指標の説明をしてきました。表3-3に，各方法の概要をまとめました。さて，表3-1のデータを説明するのに優れたモデルは，飽和モデル，等平均モデル，独立モデルのうちどれでしょうか。そして，「日本の高齢者では，55歳時・65歳時・75歳時の結晶性知能の平均に差がある」といえるでしょうか。

表 3-3 情報量規準と適合度指標のまとめ

	情報量規準	適合度指標
種類	AIC，BIC など	CFI，RMSEA など
目的	複数のモデルの相対比較	モデルの相対比較および絶対評価
備考	●値そのものには絶対的な意味はない ●モデル間で値を比較することに意味がある（値は小さいほうが良い）	CFI（0〜1の値をとる） 目安：0.95 以上 RMSEA（0〜∞の値をとる） 目安：0.05 以下

表3-2を改めて見てみましょう。情報量規準AIC，BICは，いずれも飽和モデルを支持していました。適合度指標では，飽和モデルの場合CFIは1となるため，モデルは当然良いと評価され，そしてRMSEAは計算できません。等平均モデルは，CFIが0.897でRMSEAが0.345であり，とくにRMSEAが不十分な値を示しています。独立モデルは，CFIが0でRMSEAが0.877と不十分な値であり，モデルの評価結果は悪いです。これらより，この3つのモデルの中では，飽和モデルが最も適当といえるでしょう。したがって，飽和モデルの仮定から，日本の高齢者では，55歳時・65歳時・75歳時の結晶性知能の平均に差があり，加齢に伴い結晶性知能の平均が高くなるといえます。

3.4 構造方程式モデリングと分散分析モデル

3.2節で述べたように，SEMの基本的な手続きは，「データを説明するさまざまな統計モデルを設定して，各モデルのデータへの当てはまりを見ていきながら，最適なモデルを選択する」ことでした。表3-1のデータの分析では，3つのモデル（飽和モデル・等平均モデル・独立モデ

[*17] 別の基準として，RMSEAの90％信頼区間の上限値が0.05以下となること，といった信頼区間に基づくものもあります。

ル）を例にして比較しました。さらに他のモデルとして，「1時点目と2時点目の平均値は等しいが，3時点目の平均値は異なる（55歳平均＝65歳平均≠75歳平均）」というモデルや，「3時点の分散が等しい（55歳分散＝65歳分散＝75歳分散）」モデルなど，分析者のもつ仮説や興味に応じて柔軟にモデルを設定できるのは，SEMの大きな魅力です。

本章の冒頭で，（実験参加者内）分散分析は，SEMに含まれる方法と説明しました。実験参加者内分散分析モデルは，「各時点間でデータの分散が等しい（55歳分散＝65歳分散＝75歳分散）」こと（これを**等分散性**といいます），また「時点間の共分散が等しい（55歳・65歳共分散＝55歳・75歳共分散＝65歳・75歳共分散）」ことの，2つを仮定しています。これらは，**球面性の仮定**と呼ばれるものに基づいています（第2巻参照）。そして，「各時点の平均値が等しい」という帰無仮説のもとで，平均値の差を検定します。

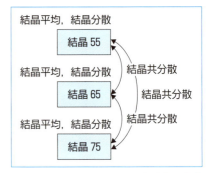

図 3-9　帰無仮説のもとでの実験参加者内分散分析モデル

帰無仮説のもとでの実験参加者内分散分析モデルは，図3-9のパス図で表現できます。平均1つ，分散1つ，共分散1つの計3つの母数があります。このように，実験参加者内分散分析モデルは等平均モデルと比べても，母数が少ない，強い制約を課しているモデルです。したがって，実験参加者内分散分析モデルでは，これらの強い仮定のもとで，各時点の平均が等しいかどうかを検定しているのです。その一方で，データの性質や分析の目的に応じて，さまざまな仮定に基づくモデルを設定し比較できるSEMのアプローチが，非常に柔軟で優れていることは明らかでしょう。

【文献】

厚生労働省．人口動態調査　http://www.mhlw.go.jp/toukei/list/81-1.html
宇佐美慧・菅原育子（2012）．潜在曲線モデルを用いた日本の高齢者の身体的特性の変化と個人差に関する縦断的検討——MCMC法に基づく全国高齢者縦断調査データの解析から．行動計量学，**39**(2), 43-65.
Usami, S. (2014). Performance of information criteria for model selection in a latent growth curve mixture model. *Journal of the Japanese Society of Computational Statistics*, **27**, 17-48.

理解できたかチェックしてみよう！

問1：以下の文章で正しいものに〇を，誤っているものに×をつけましょう．

(1) 尤度とは，設定したモデルのもとでの，観測データの得られやすさを表す量である．
(2) 尤度を対数変換したものを情報量という．
(3) 設定モデルのχ^2値が大きいほど，そのモデルの当てはまりが悪いことを表している．
(4) 自由度が小さいモデルは，母数の数が少ない単純なモデルを意味する．
(5) RMSEAは，その値が0.05以上であることが，モデルの当てはまりの良さを示す目安となっている．
(6) 情報量規準や適合度指標の多くは，モデルのデータへの当てはまりの良さを表すχ^2値と，モデルの複雑性を表す母数の数（もしくは自由度）を，同時に考慮している．
(7) CFIは，値が1に近いほど，設定したモデルの当てはまりの良さが独立モデルに近いことを意味する．
(8) 適合度指標では，一般にその指標値からモデルの良さを絶対的に評価できるが，情報量規準は通常複数のモデルの相対比較に用いる．
(9) 3時点以上の縦断データで，各時点の平均に差があるかどうかを調べるための伝統的な方法として，実験参加者間分散分析が挙げられる．
(10) 構造方程式モデリング（SEM）により縦断データの平均値の差を調べることの利点に，分析者の興味やデータの性質に応じて柔軟にモデルを設定し，モデルを比較できることが挙げられる．そのため，たとえば実験参加者内分散分析モデルのように，球面性の仮定に基づいてモデルを設定する必要は必ずしもない．

問2：4時点の縦断データの平均値を比較する場合，飽和モデル・等平均モデル・独立モデルのパス図は，それぞれどのようになるでしょうか．

問3：表3-1の高齢者の結晶性知能データに対して図3-9の実験参加者内分散分析モデルを当てはめ，表3-2と同じような結果の情報（対数尤度，母数の数，……RMSEA）を含む表を作りましょう．また，このモデルの当てはまりの結果を飽和モデル・等平均モデル・独立モデルの場合（表3-2）と比較しましょう．

社会適応スキルの発達軌跡を モデリングする
——潜在成長モデルの基礎

　第3章では，構造方程式モデリング（SEM）を用いて，時点間の平均値の差を比較する方法を説明しました。また，モデル選択の方法も解説しました。本章から，これまでの内容を基礎にして，より本格的な縦断データの分析法について説明していきます。本章では，縦断データの変化のパタンである発達軌跡やその個人差を，潜在成長モデル（latent growth model）[*18]というモデルを用いて調べる手続きを説明します。潜在成長モデルも，3.4節の分散分析モデルや因子分析モデル・重回帰分析モデル（本シリーズ第3, 4, 6巻を参照）と同じように，SEMの枠組みで表現できる統計モデルです。

4.1 社会適応スキルの発達軌跡

4.1.1 発達障害と社会適応性[*19]

　文部科学省の2003年の調査によると，学習障害，注意欠如・多動症，高機能自閉症などの発達障害により，学習や行動の面で特別な教育的ニーズを必要とする児童は，小・中学校の通常学級の中に約6%の割合でいると見積もられています。学習障害（learning disability：LD）とは，広義には「聞く，話す，読む，書く，計算する，推論する」に関して困難を示す一方で，知能指数（intelligence quotient：IQ）からみて知的な遅れがとくに見られない状態とされています。注意欠如・多動症（attention deficit hyperactivity disorder：ADHD）は，注意力が持続せずに気が散りやすく（注意欠如），行動が衝動的で落ち着きがない（多動）状態を示す発達障害とされています。また，高機能自閉症（high functioning autism）とは，一般にIQが70以上と，知的な遅れをともなわないものの，対人のコミュニケーションに質的な困難があったり，同じ行動をくり返したり（常同行動），また関心事がかたよる（興味の限局）などの症状が見られる発達障害です。なお，高機能自閉症は，アスペルガー症候群と呼ばれる症状と見分けがつきにくい場合も多くあるとされ，これらは広汎性発達障害と呼ばれる発達障害の総称の中で，ひとくくりにして扱われることもあります。

[*18] 潜在曲線モデル，潜在成長曲線モデルなどと呼ぶこともあります。
[*19] 本項の記述は，宇佐美ら（2011）に基づくものです。

発達障害のある子どもは，学校生活への適応のみならず，学校卒業後の社会生活への適応にも困難を示しやすく，高学歴であっても離転職をくり返したり，ニート（Not in Education, Employment or Training：NEET）の問題との関連を指摘する研究もあります。

これらを受けて，2007年度から特別支援教育が始まり，発達障害のある子どもたちが支援の対象となることが正式に認められ，また小・中・高等学校の教育指導要領には，障害のある子どもたちの実態にあった支援を，家庭や他機関と連携しながら進めることの必要性が記されています。このように，学校在籍時から，社会的自立を見すえた教育の必要性に関する認識は高まっており，その際には，子どもたちの社会適応性の側面を含めた，的確な実態把握を行うことが不可欠です。

4.1.2　社会適応スキル検査

社会適応性などの子どもたちの実態を早期にとらえ，子どもの違いに応じた支援策を具体的に提案していくうえで，発達検査は重要な役割を果たします。ここでは，そのための検査の一つである，ASA旭出式社会適応スキル検査（宇佐美ら，2011；肥田野，2012：以下，社会適応スキル検査）を紹介します。

社会適応スキル検査は，幼稚園から高校生程度を対象に，社会に適応するために必要なスキルを測定する目的で開発された質問紙検査です。社会適応スキル検査は，「言語スキル」「日常生活スキル」「社会生活スキル」「対人関係スキル」の4つの下位検査（下位スキル）から構成されます。言語スキルとは，基本的な言語理解や言語表出にかかわる能力，および読み書きの能力です。日常生活スキルとは，家の中での生活に必要な能力です。社会生活スキルとは，家の外や地域での生活に必要な能力であり，対人関係スキルとは対人的なやりとりや集団参加に必要な能力です。

4.1.3　6時点の社会適応スキル検査データ

この検査を，通常学級に通う児童300名を対象に，小学校1～6年にかけて，1年おきに継続して実施しました。表4-1は，その結果得られた縦断データです（仮想データ）。各下位スキル（100点満点）は，得点が高いほどスキルの獲得が進んでいることを意味します。図4-1は，表

表 4-1　社会適応スキル検査得点の推移（仮想データ）

ID	言語スキル				日常生活スキル				社会生活スキル				対人関係スキル			
	小1	小2	…	小6	小1	小2	…	小6	小1	小2	…	小6	小1	小2	…	小6
1	9	15	…	53	14	21	…	37	15	26	…	75	26	51	…	83
2	24	30	…	36	32	27	…	62	12	17	…	10	23	30	…	68
3	12	19	…	35	20	21	…	73	26	24	…	51	20	29	…	17
4	11	16	…	67	30	23	…	62	18	24	…	27	14	39	…	78
5	33	39	…	78	33	18	…	59	26	25	…	61	23	17	…	47
300	18	23	…	67	13	27	…	58	16	29	…	86	28	31	…	53

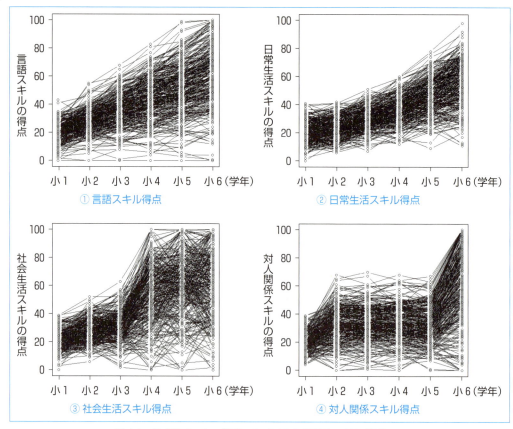

図 4-1 社会適応スキル検査における各下位検査の折れ線グラフ

4-1 のデータから作成した 4 つのスキルの折れ線グラフです。図 4-1 の ① の言語スキル得点を見ると，最初の小 1 時点の測定値は児童によってさまざまです。また，その後，どの学年でどのような得点の変化が起きているのかといった変化のパタン，つまり発達軌跡の形もさまざまです。しかし，多くの児童は，得点がおおむね直線的に上昇しています。

次に，日常生活スキル得点も見てみましょう。言語スキル得点と同様に，小 1 時点の測定値や発達軌跡の形もさまざまです。平均的には小 1 〜 小 3 の間はあまり変化が見られませんが，それ以降のとくに小 4 〜 小 6 にかけて，大きな変化を示す児童が多くいます。

以下では，潜在成長モデルをとおして，各児童の発達軌跡の形をどのように表現（＝モデリング）するのかを説明します。また，各児童の発達軌跡の平均像や個人差を調べる方法についても説明します。

4.2 潜在成長モデルの基礎

4.2.1 発達軌跡

本章ではまず，言語スキル得点という1つの変数の縦断データを，潜在成長モデルで分析する場合を説明します。図4-2で示している，A児・B児の2名の縦断データを見てください。図中，A児の小1〜小6の言語スキルデータをA1〜A6で，B児の小1〜小6の言語スキルデータをB1〜B6で示しています。

さて，心理学の研究で得られる観測データには，多くの場合誤差を含みます。この縦断データも，たとえば検査を受けたときの児童の気分や体調，疲労などの偶然的な影響によって，測定に誤差が生じます。この誤差を取り除いた真の発達軌跡（以下，たんに発達軌跡とします）の形は，どうなっているのでしょうか。

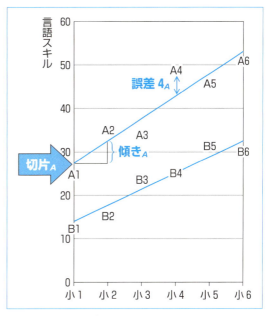

図4-2 観測データと（真の）発達軌跡の関係

図4-2には，実際には観測されない，A児とB児の発達軌跡を青の実線で示しています。観測データと発達軌跡のずれ，つまり誤差が大きいところもあれば，小さいところもあります。

いま，図4-2のように，「発達軌跡は直線で表現できる」と仮定しましょう。直線ですので，それは切片と傾きの2つを用いて表現できます。A児の発達軌跡の切片と傾きを，それぞれ切片$_A$，傾き$_A$としましょう。すると，小1〜小6時点のA児の発達軌跡の値（真値1_A〜真値6_A）は順に，以下のように表現できます。

$$\begin{aligned}
\text{真値}1_A &= \text{切片}_A + \text{傾き}_A \times (1-1) = 1 \times \text{切片}_A + 0 \times \text{傾き}_A \\
\text{真値}2_A &= \text{切片}_A + \text{傾き}_A \times (2-1) = 1 \times \text{切片}_A + 1 \times \text{傾き}_A \\
\text{真値}3_A &= \text{切片}_A + \text{傾き}_A \times (3-1) = 1 \times \text{切片}_A + 2 \times \text{傾き}_A \\
\text{真値}4_A &= \text{切片}_A + \text{傾き}_A \times (4-1) = 1 \times \text{切片}_A + 3 \times \text{傾き}_A \\
\text{真値}5_A &= \text{切片}_A + \text{傾き}_A \times (5-1) = 1 \times \text{切片}_A + 4 \times \text{傾き}_A \\
\text{真値}6_A &= \text{切片}_A + \text{傾き}_A \times (6-1) = 1 \times \text{切片}_A + 5 \times \text{傾き}_A
\end{aligned} \quad [4\text{-}①]$$

切片$_A$は時点1（小1）の真値です。切片$_A$は，1×切片$_A$と同じ意味なので，右辺ではそのように表現しています。また，傾き$_A$は，真値の時点間（1年間）の変化量であり，1時点（1年）ごとに傾き$_A$ずつ増えていきます。[4-①] 式を一般的に表現すると，時点 t (＝1, 2, 3, 4, 5, 6) の真値は，以下のようになります。

$$\text{真値}t_A = 1 \times \text{切片}_A + (t-1) \times \text{傾き}_A \qquad [4\text{-}②]$$

t に1〜6をそれぞれ代入してみてください。[4-①] 式の6つの式になることが確認できます。

4.2.2　潜在成長モデルの表現とパス図

さて，実際のデータは誤差を含みます。つまり，真値に誤差が加わってデータが得られると考えます。これにより，時点 t のA児の言語スキルデータ（言語t_A とします）は，[4-②] 式の真値t_A に誤差t_A を加えて以下のように表現できます。これが，A児の潜在成長モデルの式です（ここで，式中，変数を丸や四角で囲んでいますが，その意味は後で説明します）。

$$\boxed{\text{言語}t_A} = \text{真値}t_A + \text{誤差}t_A = 1 \times \bigcirc\!\!\text{切片}_A\!\!\bigcirc + (t-1) \times \bigcirc\!\!\text{傾き}_A\!\!\bigcirc + \bigcirc\!\!\text{誤差}t_A\!\!\bigcirc \qquad [4\text{-}③]$$

これまではA児のデータだけを見てきました。発達軌跡の形に注目すると，B児はA児に比べて切片（小1の値）が小さく，傾き（1年間の変化量）もやや小さいことがわかります。このように，児童によって，発達軌跡の切片や傾きが異なると考えるのは自然です。小1のときに言語スキルが高い児童がいれば低い児童もおり，その後の発達のスピードにも個人差があると一般に考えられるからです。

潜在成長モデルでは，各児童にそれぞれの発達軌跡があり，それぞれ異なった切片と傾き，そして誤差があると考えます。つまり，[4-③] 式で示したA児のモデルは，B児にも，また，他のC児やD児……にも，同じように設定できます。つまり，以下のように，児童ごとにモデルを考えます。

$$\begin{aligned}
\boxed{\text{言語}t_A} &= 1 \times \bigcirc\!\!\text{切片}_A\!\!\bigcirc + (t-1) \times \bigcirc\!\!\text{傾き}_A\!\!\bigcirc + \bigcirc\!\!\text{誤差}t_A\!\!\bigcirc \\
\boxed{\text{言語}t_B} &= 1 \times \bigcirc\!\!\text{切片}_B\!\!\bigcirc + (t-1) \times \bigcirc\!\!\text{傾き}_B\!\!\bigcirc + \bigcirc\!\!\text{誤差}t_B\!\!\bigcirc \\
\boxed{\text{言語}t_C} &= 1 \times \bigcirc\!\!\text{切片}_C\!\!\bigcirc + (t-1) \times \bigcirc\!\!\text{傾き}_C\!\!\bigcirc + \bigcirc\!\!\text{誤差}t_C\!\!\bigcirc \\
&\vdots
\end{aligned} \qquad [4\text{-}④]$$

以上のように，数式で表現すると少しややこしく感じるかもしれませんが，パス図で表現すると理解しやすいです。モデルを数式だけでなく，パス図でも理解できるのは，SEMの魅力です。図4-3は，潜在成長モデルのパス図です。図4-3において，四角形は観測変数を，大きめ

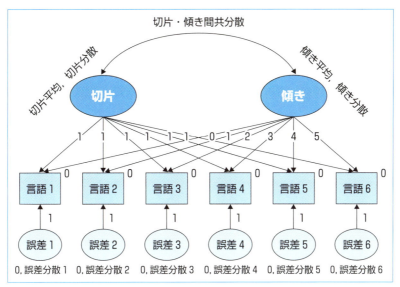

図 4-3 潜在成長モデルのパス図（時点数が 6 の場合）

質問コーナー

図4-3のパス図で1つだけ母数がついている変数（たとえば，「言語1」）と，2つ母数がついている変数（たとえば，「傾き」因子や「誤差1」など）がありますが，数が違うのはどうしてですか？

このような違いは，ある変数がモデル上（またはパス図の中）で，他の変数からの影響を受けているのかどうかで区別できます。他の変数からの影響を受けている，つまり単方向パスを1本でも受けている言語1，言語2……言語6のような変数のことを，**内生変数**といいます。一方，他の変数からの影響をまったく受けない「切片」因子や「傾き」因子，および誤差1，誤差2……誤差6のような変数は，**外生変数**といいます（第6巻および本書第6章の質問コーナーも参照してください）。単回帰モデルのような単純な構造のモデルでは，外生変数は説明（独立）変数に，また内生変数は目的（従属）変数に対応します。

内生変数の平均や分散は，外生変数の平均や分散を用いて表現されます。つまり，言語1，言語2……言語6の内生変数の平均や分散は，2つの因子と6つの誤差変数の平均や分散によって表現されているのです。ここで，たとえば，以下のような単回帰モデルで考えてみましょう。

内生（目的）変数 ＝ 切片 ＋ 傾き × 外生（説明）変数 ＋ 誤差

このモデルでは内生変数の平均は，「切片＋傾き×外生変数の平均」と表しています。このように，内生変数の平均や分散を表現するために，外生変数の平均や分散を知る必要があることからこれらは母数となり，パス図を書いた場合，外生変数には母数を表す2つの文字がつくのです。一方，内生変数については，いま見たように，それらの平均や分散は外生変数の平均や分散で表現されるため，モデル上の母数にはなりません。しかし，内生変数の平均が「切片＋傾き×外生変数の平均」であったことからもわかるように，一般にモデル式の切片を推定しなければ，内生変数の平均を表現できません（ここで，モデル式の切片は，「切片」因子とは異なることに注意）。そのため，図4-3の内生変数の部分には，切片を表す母数が1つだけ付されているのです（しかし，4.4節で補足するように，いまの潜在成長モデルの内生変数のモデル式の切片は0となります）。

の（楕）円は直接観測できない変数である因子（または潜在変数：第3, 6巻の因子分析を参照）を，小さめの（楕）円は誤差を表しています。また単方向の矢印（単方向パス，あるいはたんにパスと呼びます）は，始点の変数から終点の変数への影響を意味するパス係数を，そして双方向の矢印（双方向パス）は共分散を表しています。

さらに，各変数には，母数（あるいは数字）がついています。2つの因子と6つの誤差には，母数が2つずつついています。それらは，変数の平均と分散を意味しています。つまり，切片の因子の平均が「切片平均」であり，分散が「切片分散」です。また，誤差1の平均は0であり，分散は「誤差分散1」です。これらの母数の意味は，次節で説明します。また，各観測変数には1つずつ数字がついています。これは，各観測変数に関するモデル式の切片です。潜在成長モデルでは，切片・傾きの因子から影響を受ける各観測変数の切片は0にします。この点は，4.4節で補足します。ここでは，この観測変数の切片が，先の切片の因子とは意味が違うことに注意して理解してください。

このように，潜在成長モデルでは，各対象の発達軌跡の切片と傾きを，実際には値が観測できない因子として表現します。そのことを反映して，パス図では切片と傾きを楕円で表現しています。パス図では，各時点の言語スキルデータが，切片と傾き，および誤差から影響を受けていることが表現されています。時点1（小1）の言語スキルデータを意味する観測変数「言語1」は，切片の因子から1の影響，傾きの因子から0の影響，誤差から1の影響を受けています。また，モデル式の切片は0です。このことを数式で表現すると，以下となります。

$$\boxed{言語1} = 0 + 1 \times \widehat{切片} + 0 \times \widehat{傾き} + 1 \times \widehat{誤差1}$$

ここで，数式中の観測変数は四角形で，潜在変数（因子と誤差[*20]）は楕円で囲っています。なお［4-③］式と［4-④］式で各式の中の変数が破線で囲われていたのは，これらの各式は1人分の式なので，全員分をまとめて表すパス図中の変数と区別するためです。また，パス係数の値は，矢印の始点にある変数（切片，傾き，誤差）とのかけ算を意味します。そして，右辺の最初の0が切片を意味します。同様に，時点2（小2）〜時点6（小6）の数式は以下のようになります。

$$\boxed{言語2} = 0 + 1 \times \widehat{切片} + 1 \times \widehat{傾き} + 1 \times \widehat{誤差2}$$
$$\boxed{言語3} = 0 + 1 \times \widehat{切片} + 2 \times \widehat{傾き} + 1 \times \widehat{誤差3}$$
$$\vdots$$
$$\boxed{言語6} = 0 + 1 \times \widehat{切片} + 5 \times \widehat{傾き} + 1 \times \widehat{誤差6}$$

[4-⑤]

[*20] このように，広義には誤差も潜在変数として区分されます。

これを一般的に表現すると，時点tのとき，以下となります。

$$\boxed{言語t} = 0 + 1 \times \boxed{切片} + (t-1) \times \boxed{傾き} + 1 \times \boxed{誤差t}$$
$$= 1 \times \boxed{切片} + (t-1) \times \boxed{傾き} + \boxed{誤差t}$$
［4-⑥］

この式は，先に見た［4-③］式あるいは［4-④］式と同じです。ただ，［4-⑥］式には児童に関する添え字がなく，すべての児童を同時に表現しています。このように，数式とパス図は一対一に対応しています（図4-4）。数式とパス図は，同じモデルについての異なる表現といえます。

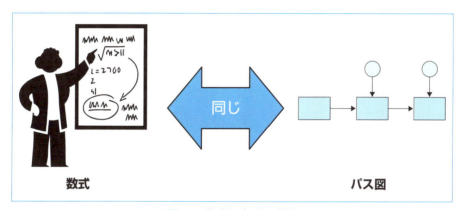

図4-4　数式とパス図の関係

4.2.3　潜在成長モデルの母数の意味

それでは，潜在成長モデルから何を知ることができるのでしょうか。それは，潜在成長モデル内の母数を考えることでわかります（表4-2，図4-3）。

表4-2　潜在成長モデルの母数の意味

母数	意味
切片平均	各対象の切片（切片$_A$，切片$_B$，切片$_C$…）の平均
切片分散	各対象の切片（切片$_A$，切片$_B$，切片$_C$…）の分散
傾き平均	各対象の傾き（傾き$_A$，傾き$_B$，傾き$_C$…）の平均
傾き分散	各対象の傾き（傾き$_A$，傾き$_B$，傾き$_C$…）の分散
切片・傾き間共分散	切片と傾きの関係の強さ。相関のほうが解釈しやすい
誤差分散	各時点における，観測データの発達軌跡からのずれ方の散らばりの大きさ

●切片の平均と分散●　各児童の発達軌跡の切片は，切片$_A$，切片$_B$，切片$_C$……でした。このように，切片は児童の数だけあります。したがって，全児童の切片の平均を考えることができます。これが，パス図（図4-3）において，切片の因子の左肩についている「切片平均」です。また，

児童の切片には個人差があります。この個人差の大きさを表しているのが「切片分散」です。

なお，平均と分散だけでなく，各児童の切片を個別に推定することもできます。ただし，実際の研究では，各対象の発達軌跡よりは，全体の傾向を理解するための切片平均と切片分散にまず注目することが多いです。

●**傾きの平均と分散**● 2つめの因子である傾きは，各児童の発達軌跡における時点間（1年間）の変化量を意味しました。切片と同じで，やはり児童ごとに傾きは異なるので，全児童の傾きの平均を考えることができます。これが，傾きの因子の右肩についている「傾き平均」です。また，傾きの個人差の大きさを表しているのが「傾き分散」です。なお，切片の場合と同じで，平均と分散だけでなく，各対象の傾きを個別に推定することもできます。

●**切片・傾き間共分散**● さらに，潜在成長モデルでは，各児童の発達軌跡の切片と傾きの関係を知ることができます。たとえば，切片（小1時の真値）が大きいほど傾き（その後の変化量）が大きいのか，または小さいのか，あるいは無関係なのかということです。そのような切片と傾きの相関関係を表現しているのが，切片・傾き間共分散です。パス図では，切片と傾きの因子を結ぶ双方向パスで示しています。

●**誤差の平均と分散**● 各観測変数には誤差の影響があります。誤差の大きさは観測データからは直接わからないので，パス図では（楕）円で示しています。つまり，脚注*20に示したように誤差も因子と同じで，本来は潜在変数です。そして，誤差の平均は0であると仮定します。これは，実際に観測するデータは真値からさまざまな大きさでずれますが，その平均を0と考えるということです。もし，誤差の平均が1ならば，観測したデータには平均して+1の影響が加わることになります。しかしながら，この言語検査データでは，誤差は体調や気分などの偶然的な影響によって生じる，言語スキルとは無関係なものです。もし，このように系統的に+1の影響が加わるのであれば，それはもはや偶然的な影響とはいえません。

また，これに関連して，誤差は切片や傾きの因子とは無相関と仮定します。パス図では，誤差はどの変数とも双方向パスで結ばれていません。つまり，切片が大きい児童ほど誤差が大きいとか，傾きが小さい児童ほど誤差が小さいというような関係はないとします。さらに，異なる時点間の誤差どうしも無相関とします。つまり，ある時点での誤差が大きい（小さい）児童ほど他の時点の誤差も大きい（小さい）といった関係はないとします。誤差は偶然的に生じるものであることを反映しています。

そして，図4-2では，各時点において，観測データの発達軌跡からのずれの大きさが児童間で違っていたように，誤差にも個人差があり，その分散が誤差分散です。誤差分散が大きいほど，いまの例では，体調や気分などから生じる誤差の影響が大きく，その結果，全体として発達軌跡からのずれが大きいデータが観測されていることを意味します。

4.2.4 発達軌跡と因子の分散・共分散の関係

ここで、発達軌跡と、切片と傾きの分散、切片・傾き間共分散の関係を、図4-5を用いて説明します。

● **切片分散と発達軌跡の関係** ● 上の6つの図は切片分散の小さいときの発達軌跡で、下の6つの図は切片分散の大きいときの発達軌跡です。見比べると、切片分散が大きいとき、最初の時点の真値の個人差が大きいことがわかります。

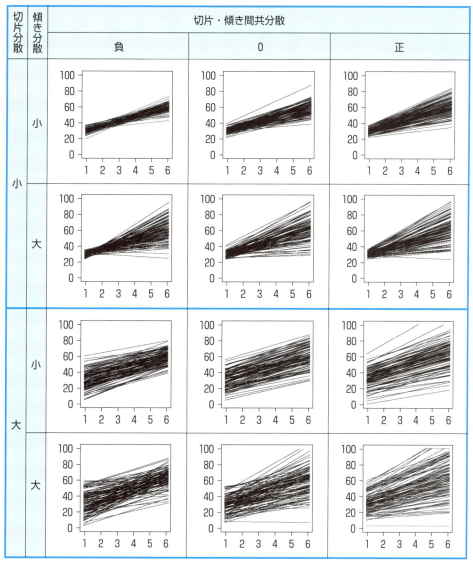

図4-5 発達軌跡と、切片・傾きの因子の分散、因子間共分散の関係

●傾き分散と発達軌跡の関係● また，上の6つの図（切片の分散が小さい場合）に注目して，さらに上の3つの図（傾き分散が小）と下の3つの図（傾き分散が大）を比較してみましょう。下の3つの図では，傾きの分散が大きい，つまり変化量の分散が大きいので，2時点目以降の真値の個人差が大きくなっています。それにより，最終時点（小6）の真値の散らばりも非常に大きくなっています。

●切片・傾き間共分散と発達軌跡の関係● 今度は，切片・傾き間共分散について見てみましょう。共分散が正の場合，発達軌跡の切片が大きい対象ほど傾きも大きい関係にあります。逆に，共分散が負の場合，切片が大きい対象ほど傾きが小さい関係にあります。共分散の値が極端になるほど，これらの切片と傾きの関係はより強くなります。また，共分散が0のときは，切片と傾きの大きさは無関係です。

4.3 言語スキルデータの分析

表4-1の言語スキルデータを，潜在成長モデルで分析します。図4-6に推定結果を示しています。図中，パス係数や切片など，値を固定した母数は黒字で，推定した母数は青字で示しています。なお，推定には最尤推定法を用いました。

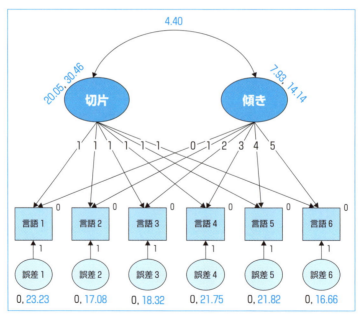

図4-6 言語スキルデータの推定結果

4.3.1 切片の因子の解釈

図4-6を見ると，切片平均が20.05ですので，各児童の発達軌跡における最初の時点（小1）

の真値の平均が20.05点ということがわかります。切片因子の分散を見てみましょう。この母数は30.46と推定されています。したがって，発達軌跡における切片（小1）の値には，ある程度個人差がありそうです。

個人差の大きさを解釈するときは，標準偏差が便利です。切片の標準偏差は$\sqrt{30.46}=5.52$です。データの正規性が満たされている場合，平均±2×標準偏差の間に，おおむね95％のデータが集まっています。そのため，おおまかに考えて，各児童の切片は，20.05±2×5.52，つまり9.01〜31.09の間にほとんど含まれるといえます。

4.3.2 傾きの因子の解釈

図4-6から，傾き平均は7.93です。したがって，1時点（1年間）経過すると平均的に真値が7.93点上がるといえます。ここで，切片平均が20.05でしたので，小1〜小6の順に，真値の平均は，20.05，27.98，35.91，43.84，51.77，59.70となります。この結果から，発達軌跡の平均像がつかめます。

また，傾き分散は14.14（標準偏差は$\sqrt{14.14}=3.76$）です。したがって，発達軌跡における変化量には，いくらかの個人差があるようです。先のように，平均±2×標準偏差を計算すると，7.93±2×3.76，すなわち0.41〜15.45の間に，各児童の傾きの値のほとんどが集まっているといえます。この結果から，多くの児童において発達軌跡の傾きは正といえます。これは図4-1の①において，学年が上がるにつれほとんどすべての児童の得点が高くなる傾向と一致します。

4.3.3 切片・傾き間共分散の解釈

切片・傾き間共分散は4.40と正の値です。共分散については，相関係数（＝切片・傾き間共分散÷（切片の標準偏差×傾きの標準偏差））のほうが結果を解釈しやすいです。ここでは，相関係数は（4.40÷(5.52×3.76)＝）0.212となります。これより，相関関係は強くはないですが全体として切片が大きい（小1時の真値が大きい）児童ほど，傾き（その後の変化量）も大きい傾向にあると解釈できます。

4.3.4 誤差分散の解釈

最初の時点（小1）の誤差分散の推定値は23.23（標準偏差は$\sqrt{23.23}=4.82$）です。各児童の小1時の測定値にはいくらかの誤差が含まれているといえます。そのため，各児童の発達軌跡の切片から実際の測定値はいくらかずれており，そのずれ方のばらつきが標準偏差でいうと4.82と解釈できます。時点2（小2）以降の誤差分散についても同様に解釈できます。小1時に比べると，他の学年では比較的誤差の影響が小さいことがわかります。

4.3.5 適合度

分析のしめくくりとして，潜在成長モデルの言語スキルデータへの当てはまりを見てみまし

ょう。適合度指標（CFI，RMSEA）の計算結果を，表4-3に示しました。ここで，情報量規準（AIC，BIC）は，複数のモデルを相対比較するための指標なので，単独で評価できません（第3章参照）。以降の章で別の潜在成長モデルを当てはめたときと比較するために，表に結果を示しています。

表 4-3　情報量規準と適合度指標の結果（線形の潜在成長モデル）

	χ^2値	母数の数	自由度	AIC	BIC	CFI	RMSEA
言語スキル	27.22	11	16	49.22	89.96	0.995	0.048
日常生活スキル	228.18	11	16	250.18	290.92	0.790	0.211
社会生活スキル	310.69	11	16	332.69	373.43	0.544	0.248
対人関係スキル	1198.79	11	16	1220.79	1261.54	0.429	0.497

　言語スキルの適合度指標の値はCFI＝0.995，RMSEA＝0.048でした。これより，潜在成長モデルは言語スキルデータによく当てはまっているといえます。［4-③］式および［4-④］式より，いま，発達軌跡が直線（線形）で表現できると仮定しています。そして，図4-1①の折れ線グラフで見たように，言語スキルは，多くの児童の得点の上がり方が直線的でした。そのため，潜在成長モデルがよく当てはまっているのです。

　他のスキル得点はどうでしょうか。表4-3には，他の3つのスキルデータについて，潜在成長モデルを当てはめたときの適合度指標を示しています。図4-1②から，日常生活スキルデータでは，個人差はあるものの，平均的には小1〜小3の間はあまり変化が見られませんが，それ以降，とくに小4〜小6にかけて大きな変化を示す児童が多くいました。これは，発達軌跡の形状が線形ではなく，非線形であることを示唆しています。実際に，日常生活スキルデータでは，適合度指標がCFI＝0.790，RMSEA＝0.211であり，モデルの当てはまりは良くありません。

　社会生活スキルデータ・対人関係スキルデータはどうでしょうか。図4-1の③と④を見ると，いずれも平均的に得点が大きく伸びる時期があります。そのため，多くの児童の発達軌跡の形が線形であるようには見えません。実際，表4-3より，適合度指標はいずれのデータも不十分な値を示しています。さらに，ここでは示していませんが，対人関係スキルデータに潜在成長モデルを当てはめると，傾き分散が負の値（−1.165）となりました。分散は定義上，正の値でなくてはいけません。しかし，分析の結果，このような不適切な推定値（**不適解**）になることがあります。このように，因子の分散や誤差分散の推定値が負になることを，**ヘイウッドケース**といいます。この点からも，対人関係スキルデータは，線形の発達軌跡を仮定した潜在成長モデルの当てはめが不適切と考えられます。

　このように，言語スキルデータを除いて，潜在成長モデルの各データへの当てはまりは十分ではありませんでした。これらのデータは，時間の経過に対して非線形の発達軌跡を示しているといえます。本章で紹介した潜在成長モデルは，最初に説明したように，「発達軌跡は直線で表現できる」と仮定していましたが，この仮定にとらわれる必要はありません。それでは，潜

在成長モデルを用いて，非線形の発達軌跡をどのように表現できるでしょうか。次章では，非線形の発達軌跡を表現するための方法について解説します。

4.4 補足

本節では，潜在成長モデルをより深く理解するための2つの話題を補足します。

4.4.1 時点数とモデルの識別

まず，モデルが識別できるために必要な時点数について説明します。「モデルが識別できる」状態とは，モデルの母数の推定値がひととおりに定まるということです（第6巻2章を参照）。モデルを識別するための必要条件のひとつは，データから計算できる平均・分散・共分散の総数が，母数の数以上であることです。これは，[3-①] 式から，自由度が0以上とも言い換えられます。もし母数の数のほうが多い場合（つまり，自由度が負の場合），モデルのほうが現実のデータよりも複雑な設定をしていることになり，母数がひととおりに決まりません。

● **母数の数** ● 潜在成長モデルで推定する母数はいくつでしょうか。切片の平均と分散，傾きの平均と分散，および切片と傾きの間の共分散があるので，因子については母数が5つあります。あと，図4-3のように，時点数が6のときは誤差分散が6つあります。誤差分散の数は時点数と同じだけあります。つまり，時点数を一般にTとすると，誤差分散はT個あります。したがって，潜在成長モデルで推定する母数は$T+5$個となります。表4-3で，モデルの母数の数が$6+5=11$であることと一致します。

● **平均・分散・共分散の総数** ● 一方，時点数がTの縦断データから計算できる，平均・分散・共分散の総数はいくつでしょうか。まず，平均がT個あり，分散もT個あります。そして，共分散は異なる時点のペアの総数なので${}_T C_2 = T(T-1)/2$個です。ここで，Cは組み合わせの総数を計算するための記号です（伴走サイト第4巻1章を参照）。つまり，平均・分散・共分散は，合計で$T+T+T(T-1)/2 = T(T+3)/2$個です。$T=6$の場合，この値は27です。したがって，モデルの自由度は，平均・分散・共分散の総数－母数の数＝$27-11=16$となります。これは，表4-3の結果とも一致しています。

● **必要な時点数** ● 先に述べたように，潜在成長モデルを識別する条件のひとつは，平均・分散・共分散の総数が，母数の数以上あることです。つまり，$T(T+3)/2 \geq T+5$です。時点数Tは正の整数であることに注意してこの不等式を解くと，$T \geq 3$が導かれます。したがって，2時点の縦断データのとき，潜在成長モデルは識別できません。これは，2時点のデータは直線の発達軌跡が常に完全に当てはまるため，発達軌跡からのずれを評価するための誤差分散が必要

ない（つまり推定できない）ためです。

一般に，母数間で制約を課さなければ，潜在成長モデルにおいてモデルを識別するための必要最低限の時点数は，「モデルの因子の数＋1」と表現できます。本章で説明した潜在成長モデルは，因子は切片と傾きの2つなので，最低3時点以上のデータが必要です。次章では，非線形の発達軌跡を表現するための，因子が3つある潜在成長モデルを解説します。この場合，最低4時点以上のデータが必要ということです。

4.4.2 潜在成長モデルと因子分析モデルの関係

潜在成長モデルは，因子をモデルに含んでいることからわかるように，因子分析モデル（第3・6巻参照）と深い関係があります。図4-3の潜在成長モデルのパス図を見ると，切片と傾きの2つの因子があるため，潜在成長モデルは2因子の因子分析モデルといえます。ここで，因子分析モデルとの違いを明らかにするために，図4-7に，因子が2つ，観測変数が6つの因子分析モデルのパス図を示しています。

因子分析モデルでは，観測変数間の相関関係の強さを表現するため，因子から各変数へのパスである因子負荷を推定します。図4-3と図4-7を比較すると，因子負荷は潜在成長モデルのパス係数に相当します。ただし，潜在成長モデルでは，線形の発達軌跡を表現するために，因子負荷（パス係数）の値を固定しています。これは，因子分析モデルと大きく異なる点です。

また，潜在成長モデルでは，2つの因子の平均と分散を推定することで，発達軌跡の平均像や個人差を評価します。一方，因子分析モデルでは，因子の平均と分散の値は一般に任意です

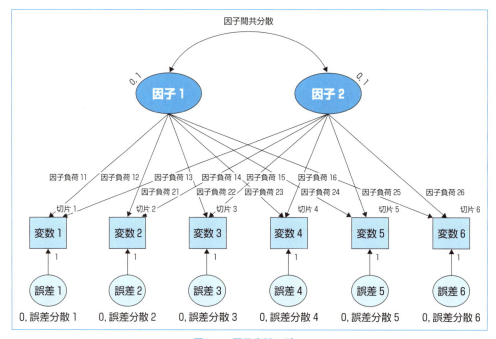

図4-7　因子分析モデル

ので，通常は平均を0，分散を1と固定します。この点も大きな違いです。

　そして，因子分析モデルでは，各観測変数の切片を推定します。図4-7を見ると，各観測変数の右肩に文字がついています。これが各観測変数の切片です。一方，潜在成長モデルでは，4.2.2節で説明したように，観測変数の切片は0と固定します。これまで見たように，潜在成長モデルでは発達軌跡を切片と傾きの2つの因子で表現するため，観測変数の切片は不要だからです。2つのモデルの間では，このような違いはありますが，因子間の共分散を考えること，また誤差分散を仮定することは共通しています。

　まとめると，本章で説明した線形的な発達軌跡を仮定する潜在成長モデルは，2因子の因子分析モデルです。ただし，因子負荷（パス係数）と観測変数の切片を推定せずに固定します。そして，逆に2つの因子の平均と分散を固定せずに推定して，発達軌跡を表現する因子分析モデルです。

　さらにいうと，分析者のもつ仮説に応じて，一部の因子負荷などの母数を固定する因子分析モデルを，確認的因子分析モデル（第6巻1，2章）といいます。したがって，本章で説明した潜在成長モデルは，2因子の確認的因子分析モデルともいえます。

【文献】
肥田野直（監修），旭出学園教育研究所（2012）．ASA旭出式社会適応スキル検査．日本文化科学社
宇佐美慧・名越育子・肥田野直ほか（2011）．社会適応スキル検査の作成の試み——検査の信頼性・妥当性・臨床有用性の検討．教育心理学研究，59，278-294．

理解できたか
チェック
してみよう！

問1：線形的な発達軌跡を仮定する潜在成長モデル（図4-3）に関する以下の文章について，正しいものに○を，誤っているものに×をつけましょう。

(1) 潜在成長モデルの切片の因子の平均と分散は，データにおける最初の時点の測定値の平均と分散である。
(2) 潜在成長モデルにおいて，切片と傾きの2つの因子の間の共分散（相関）が正であった。これより，発達軌跡において最初の時点の値である切片が大きいほど，後の変化量が大きい傾向があるといえる。
(3) 潜在成長モデルは，2因子の因子分析モデルを基礎として，因子負荷を固定することによって発達軌跡を表現する方法といえる。
(4) 潜在成長モデルでは，観測変数の切片を0に固定する必要がある。
(5) 通常，潜在成長モデルの母数がひととおり決まるためには，2時点以上の縦断データが必要である。
(6) 5時点のデータを潜在成長モデルで分析するとき，切片の因子から観測変数へのパス係数は時点の順に0，0，0，0，0と固定する。また傾きの因子からのパス係数は順に0，1，2，3，4と固定する。

問2：時点数と潜在成長モデル（図4-3）の識別性の関係をまとめた以下の表を完成させましょう。

時点数	平均・分散・共分散の総数	母数の数	自由度	識別（○か×）
2				
3				
4				
5				
6				

問3：表4-1のデータに，線形的な発達軌跡を仮定した潜在成長モデル（図4-3）を当てはめ，図4-6および表4-3の分析結果が得られることを確認しましょう（データは伴走サイトから入手してください）。

問4：以下のデータは，幼児用に開発された語彙能力検査を，3〜6歳の間に計4回実施して得た標本サイズ200の縦断データです（データは伴走サイトから入手してください）。このデータには欠測値が含まれていますが，欠測メカニズムはランダム欠測（第2章）であるとします。

表　語彙能力検査データ

ID	3歳	4歳	5歳	6歳
1	39	28	50	33
2	20	27	35	48
3	42	28	29	47
4	31	33	51	62
5	28		36	35
200	35	39	51	62

＊網掛け部分は欠測を表します。

(1) このデータから図4-1のような折れ線グラフを作成し，各幼児のグラフが全体としてどのような形状を示しているか考察しましょう。

(2) データの欠測を考慮しながら，線形的な発達軌跡を仮定した潜在成長モデル（図4-3）を用いて分析しましょう。また，結果をパス図にまとめ，推定値やモデルの当てはまりについて考察しましょう。

第5章 複雑な発達的変化をモデリングする
──非線形の発達軌跡のための潜在成長モデル

　第4章で見たように，日常生活スキル，社会生活スキル，対人関係スキルデータでは，線形の発達軌跡を仮定した潜在成長モデルの当てはまりが良くありませんでした。本章では，非線形の発達軌跡を表現するための潜在成長モデルとして，2次の潜在成長モデル，および区間線形の潜在成長モデルと呼ばれるモデルを解説します。

5.1 2次の潜在成長モデル

5.1.1 モデルとパス図

　本節ではまず，日常生活スキルデータに注目して，2次の潜在成長モデルを説明します。図5-1のA児・B児の2名の縦断データを見てください。A1～A6はA児の日常生活スキルの測定データを，B1～B6はB児の日常生活スキルの測定データを示しています。また，青の実線で2名の（真の）発達軌跡を示しています。図5-1を図4-2と見比べてください。図4-2では「発達軌跡は直線である」と仮定しましたが，図5-1では「発達軌跡は2次曲線である」と仮定しています。このようなモデルを，**2次の潜在成長モデル**といいます。これに対して第4章の潜在成長モデルを，以降，線形（または1次）の潜在成長モデルと呼ぶことにします。

　さて，2次の潜在成長モデルでも，観測データは測定誤差の影響を受けて，真値からのずれが生じます。そして，各時点における誤差の大きさには個人差があります。同様に，最初の時点の真値やその後の変化量にも，個人差があることが図からわかります。

　図5-2は，2次の潜在成長モデルのパス図です。線形の潜在成長モデルのパス図（図4-3）と

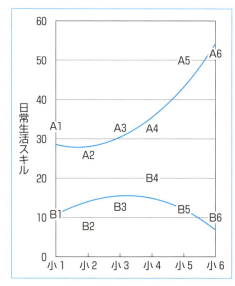

図5-1　観測データと発達軌跡の関係

第5章 複雑な発達的変化をモデリングする――非線形の発達軌跡のための潜在成長モデル 67

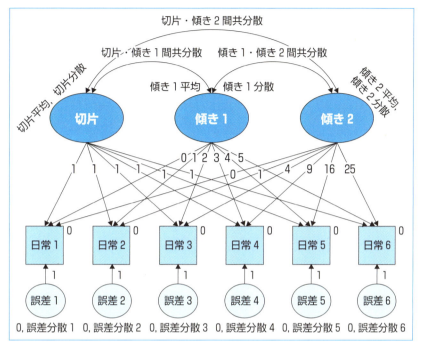

図5-2 2次の潜在成長モデルのパス図（時点数が6の場合）

比較すると，2次の潜在成長モデルには2つの傾きの因子があります。1つめの傾きの因子（傾き1）は，観測変数へのパス係数が0，1，2，3，4，5となっており，これは線形の潜在成長モデルの傾きの因子と同じです。これに加えて，2つめの傾きの因子（傾き2）があります。傾き2から観測変数へのパス係数は0，1，4，9，16，25となっています。これは，0^2，1^2，2^2，3^2，4^2，5^2ということです。2次の潜在成長モデルでは，このように2乗したパス係数をもつ傾きの因子を新たに加えます。これにより，このモデルでは，たとえばA児の各時点の真値（真値1_A〜真値6_A）は順に，以下のようになります。

$$
\begin{aligned}
真値1_A &= 1\times 切片_A + 0\times 傾き1_A + 0\times 傾き2_A \\
真値2_A &= 1\times 切片_A + 1\times 傾き1_A + 1\times 傾き2_A \\
真値3_A &= 1\times 切片_A + 2\times 傾き1_A + 4\times 傾き2_A \\
真値4_A &= 1\times 切片_A + 3\times 傾き1_A + 9\times 傾き2_A \\
真値5_A &= 1\times 切片_A + 4\times 傾き1_A + 16\times 傾き2_A \\
真値6_A &= 1\times 切片_A + 5\times 傾き1_A + 25\times 傾き2_A
\end{aligned}
$$
[5-①]

この式を一般的に表現すると，時点t（$=1$，2，…，6）の真値は，以下のようになります。

$$\text{真値}t_A = 1 \times \text{切片}_A + (t-1) \times \text{傾き1}_A + (t-1)^2 \times \text{傾き2}_A \qquad [5\text{-}②]$$

さて，実際の観測データは誤差を含んでいます。これより，時点 t の A 児のデータ（日常 t_A とします）は，[5-②] 式の真値 t_A に誤差 t_A を加えて以下のように表現します。

$$\text{日常}t_A = 1 \times \text{切片}_A + (t-1) \times \text{傾き1}_A + (t-1)^2 \times \text{傾き2}_A + \text{誤差}t_A \qquad [5\text{-}③]$$

これが，A 児の2次の潜在成長モデルの式です。そして，各児童について発達軌跡があり，それぞれ異なった切片，傾き1，傾き2，そして誤差があります。つまり，[5-③] 式のモデルは，B 児，C 児…にも同じように，以下のように設定します。

$$\begin{aligned}
\text{日常}t_A &= 1 \times \text{切片}_A + (t-1) \times \text{傾き1}_A + (t-1)^2 \times \text{傾き2}_A + \text{誤差}t_A \\
\text{日常}t_B &= 1 \times \text{切片}_B + (t-1) \times \text{傾き1}_B + (t-1)^2 \times \text{傾き2}_B + \text{誤差}t_B \\
\text{日常}t_C &= 1 \times \text{切片}_C + (t-1) \times \text{傾き1}_C + (t-1)^2 \times \text{傾き2}_C + \text{誤差}t_C \\
&\vdots
\end{aligned} \qquad [5\text{-}④]$$

これが，2次の潜在成長モデルの式です。式中，変数の囲みが破線なのは，各式が1人分を表すからです。パス図のように，全員分の式をまとめて表示すると，以下のようになります。

$$\text{日常}t = 1 \times \text{切片} + (t-1) \times \text{傾き1} + (t-1)^2 \times \text{傾き2} + \text{誤差}t$$

5.1.2 因子の意味

2次の潜在成長モデルは，線形の潜在成長モデルに対して，傾き2の因子を加えただけです。しかし，モデルの因子の意味の解釈は複雑になります。まず，切片は，各児童の発達軌跡における最初の時点の値を表しています。この点は線形の潜在成長モデルと同じです。しかし，傾きの因子は2種類あるため，それぞれ異なった意味をもちます。

●傾き1● 傾き1の因子は，「発達軌跡における時点1の接線の傾き」を表します。図5-3は，図5-1に接線を加えた図です。黒い実線が，各時点での接線です。じつはA児の発達軌跡は，図にあるように，切片$_A$ = 28.8, 傾き1$_A$ = −1.8, 傾き2$_A$ = 1.4であるような2次曲線をもとに描いています。傾き1$_A$ = −1.8は負ですので，A児の発達軌跡の時点1の接線が右下がりになっています。反対に，B児の発達軌跡では傾き1$_B$ = 4.4と正ですから，時点1での接線が右上がりになっています。つまり，傾き1の正負は，時点1の直後の変化量の正負を表しており，その絶対

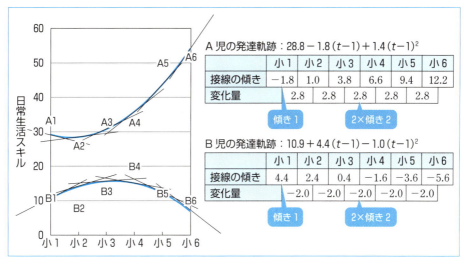

図5-3　発達軌跡と接線の関係

値が大きいほど，時点1の直後の変化量が大きくなります。

一般に，時点tの接線の傾き（接線t）は，以下のように計算できます。

$$接線t = 傾き1 + 2 \times 傾き2 \times (t-1) \quad [5\text{-}⑤]$$

時点1のとき，$t=1$を代入すると，接線1＝傾き1となり，たしかに傾き1は時点1の接線の傾きを表します。またA児の場合は，傾き$1_A = -1.8$，傾き$2_A = 1.4$ですので，上の式は，接線$t = -1.8 + 2 \times 1.4 \times (t-1)$となります。これに$t=1, 2, 3, 4, 5, 6$を代入すると，時点1～時点6の接線の傾きは，順に$-1.8, 1.0, 3.8, 6.6, 9.4, 12.2$となります。B児についても同じように計算できます。これらの結果は図5-3に示しています。

●傾き2●　傾き2の因子は何を表しているのでしょうか。図5-3を見てください。いま計算したように，各児童の接線の傾きが時点を追うごとに変化しています。A児の接線の傾きは，$-1.8, 1.0, 3.8, 6.6, 9.4, 12.2$と少しずつ大きくなっていきます。この接線の傾きの変化量（差）を計算すると，すべて2.8になります（たとえば，$1.0-(-1.8)=2.8$です）。この2.8は，A児の発達軌跡の傾き$2_A = 1.4$の，ちょうど2倍の大きさです。

また，B児の接線の傾きは，時点の順に$4.4, 2.4, 0.4, -1.6, -3.6, -5.6$と減少しています。そして，この差を計算するとすべて-2.0になっています。-2.0は，B児の発達軌跡の傾き$2_B = -1.0$の2倍です。このように，傾き2の因子は「接線の傾きの変化量」に関わり，具体的にはそのちょうど半分の値を表します。傾き2が正の値のとき，時点を追うごとに接線の傾きが正の方向に大きくなります。接線の傾きが大きくなれば，変化量も正の方向に大きくなるので，時点を追うごとに真値も大きくなっていきます。逆に，傾き2が負の値のとき，時点を

追うごとに接線の傾きが負の方向に大きくなりますので、真値も小さくなっていきます。これまでの因子の意味についての説明を、表5-1にまとめました。

表5-1 2次の潜在成長モデルにおける各因子の意味

因子		切片	傾き1	傾き2
意味		時点1の発達軌跡の値（真値）	時点1の接線の傾き	接線の傾きの変化量の1/2
正負の解釈	正	時点1の発達軌跡の値が正	時点1の直後の真値の変化量が正	時点を追うごとに真値の変化量が正の方向に大きくなり、真値も大きくなる
	負	時点1の発達軌跡の値が負	時点1の直後の真値の変化量が負	時点を追うごとに真値の変化量が負の方向に大きくなり、真値も小さくなる

5.1.3 母数の意味

2次の潜在成長モデルでは、2つの傾きの因子の解釈については注意する必要がありますが、それを除けば線形の潜在成長モデルと同じです。図5-4に、発達軌跡と各母数の関係を示しました。

●切片の平均と分散● 切片は、各対象の発達軌跡における時点1の値です。図5-4①を見てください。対象の数だけ切片もあります。図5-2のパス図内の「切片平均」と「切片分散」は、その平均と分散です。切片平均が大きいほど、時点1の値の平均が大きいです。また、図5-4②は、切片分散が大きいときです。図5-4①と比べると、時点1の値の個人差が大きいです。このように、切片の母数の解釈のしかたは、線形の潜在成長モデルと同じです。

●傾き1の平均と分散● 傾き1は時点1の接線の傾きです。この因子の母数は、傾き1平均と傾き1分散です。対象の数だけ傾き1もあります。図5-2のパス図内の「傾き1平均」と「傾き1分散」は、その平均と分散を表します。傾き1平均が正であると、時点1の直後の真値の変化量の平均が正です。また、傾き1平均が負である場合、時点1の直後の真値の変化量の平均が負になります。また、傾き1分散は、時点1の接線の傾きの個人差の大きさです。図5-4③が示すように、傾き1分散が大きいとき、時点1の直後の真値の変化量の大きさには、よりばらつきが見られます。

●傾き2の平均と分散● 傾き2は、接線の傾きの変化量（の半分）でした。対象の数だけ傾き2もあります。傾き2平均が正の場合、平均して真値の変化量が時点を追うごとに正の方向に大きくなり、最終的に真値も大きくなります。反対に、傾き2平均が負であると、平均して真値の変化量が時点を追うごとに負の方向に大きくなり、最終的に真値も小さくなります。また、傾き2分散は、この接線の傾きの変化量の個人差の大きさです。図5-4④が示すように、この

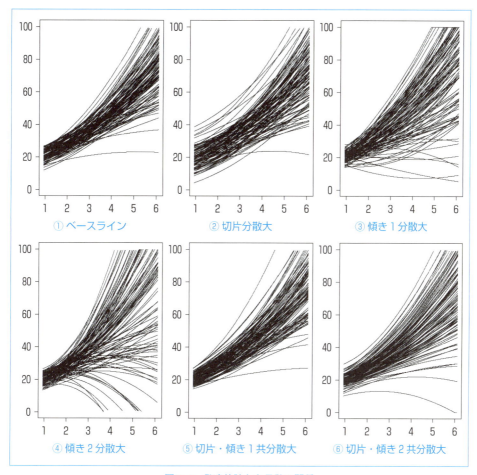

図 5-4 発達軌跡と各母数の関係

分散が大きいとき真値の変化量の個人差が大きくなるため，各時点の真値や発達軌跡の形状の個人差も大きくなります。

● **切片・傾き1間共分散** ● 切片・傾き1間共分散の値が正に大きいとき，時点1の真値が大きいほど直後の変化量が大きくなる傾向を示します。図5-4⑤を見てください。図5-4①と比べて，時点1の真値である切片の値が大きいほど直後の変化量が大きくなり，切片の値が小さいほど直後の変化量が小さくなっています。

● **切片・傾き2間共分散** ● 図5-4⑥を見てください。切片・傾き2間共分散の値が正に大きいとき，時点1の真値が大きいほどその後の変化量も正に大きくなり，真値も大きくなることがわかります。

● **傾き1・傾き2間共分散** ● 傾き1・傾き2間共分散の値が正に大きいとき，時点1の接線の

傾きが正に大きい対象ほどその後の変化量も正に大きくなり，真値も大きくなる傾向を示します。

5.1.4 日常生活スキルデータの分析

表4-1の日常生活スキルデータは，線形の潜在成長モデルの当てはまりが良くありませんでした。そこで，このデータを2次の潜在成長モデルで分析します。図5-5に，分析結果を示しています。ここで，推定には，最尤推定法を用いました。

● **因子の平均と発達の平均像** ●　3つの因子の平均の推定結果を解釈することで，発達の平均像を考察できます。図5-5より，切片平均が20.07でした。つまり，児童300人の発達軌跡における最初の時点（小1）の平均が，20.07（点）ということです。そして，傾き1平均が3.35でした。つまり，最初の時点（小1）における接線の傾きの平均が，3.35ということです。すな

質問コーナー

2次の潜在成長モデルを理解するために，2次関数についてまずおさらいをしてください

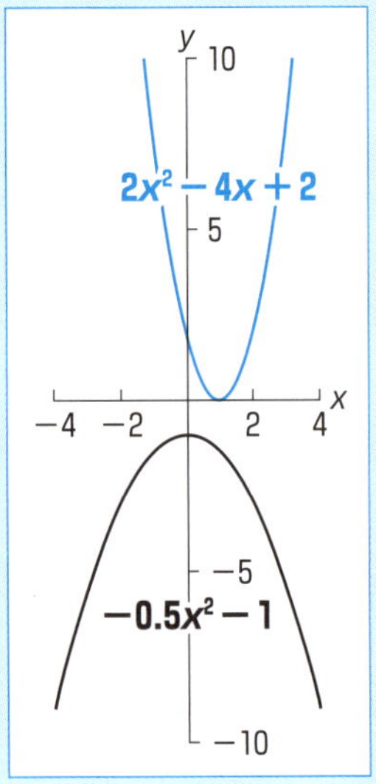

2次関数は，x, y が変化する量（つまり，変数）で，a, b, c を定数としたときに，以下の形式で表す関数のことを指します。

$$y = ax^2 + bx + c$$

ここで，$a=0$ の場合は1次関数になり，x と y の関係は直線の式で表現されます。上の式を重回帰モデルに見立てれば，y と x はそれぞれ目的（従属）変数と説明（独立）変数に対応しています。そして，c は切片であり，a, b は偏回帰係数に対応しています。

図中のグラフは，$y = 2x^2 - 4x + 2$ と $y = -0.5x^2 - 1$ の2種類の2次関数を示しています。図からわかるように，a が正の値をとる場合，曲線（放物線ともいいます）が上に開きます。これを「下に凸」と言います。逆に，a が負の値をとる場合，曲線が下に開きます。これを，「上に凸」と言います。a の絶対値が大きいほど，曲線の勾配が急になります。

それでは，y は x がどのような値の時に最大（最小）値をとるのでしょうか。それを調べるために，上の式を操作して，以下のように表します（この操作を平方完成といいます）。

$$y = a\left(x + \frac{b}{2a}\right)^2 + c - \frac{b^2}{4a}$$

図　2次関数のグラフ

カッコの中の値が0，つまり $x = -\frac{b}{2a}$ のとき，y は最大（最小）値をとります。ここで，$x = -\frac{b}{2a}$ を曲線の軸と言います。たとえば，さきに見た $y = 2x^2 - 4x + 2$ の二次関数について平方完成を行うと，$y = 2(x-1)^2$ になります。つまり，$x = 1$ が軸であり，このときに最小値をとりますが，このことは上の図と対応しています。

第5章　複雑な発達的変化をモデリングする——非線形の発達軌跡のための潜在成長モデル　73

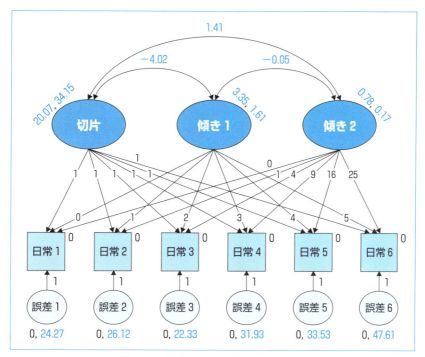

図5-5　日常生活スキルデータの分析結果

わち，小1直後では，平均して得点が上がる傾向にあります。次に，傾き2平均は0.78と正の値を示しています。そのため，時点間の接線の傾きの変化量は1.56（＝0.78×2）となり，学年を経るにつれて接線の傾きが1.56ずつ増加していくことを意味しています。つまり，変化量が徐々に増えていき，それにつれて真値も大きくなります。図4-1②の日常生活スキルの折れ線グラフでは，小1〜小3の間の平均的な変化量は比較的小さかったですが，小4〜小6の間ではより大きな変化が見られていました。この傾向は，いまの結果と一致しています。

具体的に，300人の児童の平均的な発達軌跡を計算してみましょう。時点tの真値の平均（真値平均tと表します）は，［5-②］式に3つの因子の平均の推定値を入れればよいので，以下の式で計算できます。

$$真値平均t = 20.07 + (t-1) \times 3.35 + (t-1)^2 \times 0.78$$

この式から，各時点の真値の平均は，以下となります。

$$真値平均1 = 20.07 + 0 \times 3.35 + 0^2 \times 0.78 = 20.07$$
$$真値平均2 = 20.07 + 1 \times 3.35 + 1^2 \times 0.78 = 24.20$$
$$真値平均3 = 20.07 + 2 \times 3.35 + 2^2 \times 0.78 = 29.89$$
$$真値平均4 = 20.07 + 3 \times 3.35 + 3^2 \times 0.78 = 37.14$$

$$\text{真値平均5} = 20.07 + 4 \times 3.35 + 4^2 \times 0.78 = 45.95$$
$$\text{真値平均6} = 20.07 + 5 \times 3.35 + 5^2 \times 0.78 = 56.32$$

　図5-6に，計算結果をグラフで示しました。時点間の変化量が，徐々に大きくなっています。[5-⑤]式を使って各時点の接線の傾きを計算すると，時点の順に3.35, 4.91, 6.47, 8.03, 9.59, 11.15となります。したがって，接線の傾きの変化量はどの時点間でも1.56と一定の値となり，傾き2平均（＝0.78）の2倍となっています。

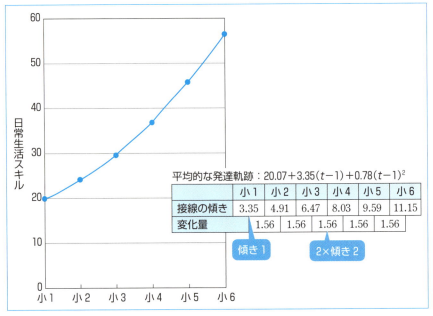

図5-6　日常生活スキルデータの平均的な発達軌跡

●**因子の分散の解釈**●　続いて因子の分散を解釈しましょう。切片分散は34.15（標準偏差は5.84）でした。つまり，発達軌跡における最初の時点（小1）の値には，いくらかの個人差があります。切片平均と併せて解釈すると，ほとんどの児童の切片は20.07±2×5.84の範囲，つまり8.39〜31.75の間にあると考えられます。

　傾き1分散の推定値は，1.61（標準偏差は1.27）です。傾き1平均が3.35ですので，児童300人の小1時点での接線の傾きは3.35±2×1.27，つまり0.81〜5.89の間にほとんどが分布しています。これより，小1の直後は，正の変化量を示す児童が大半だということがわかります。

　傾き2分散の推定値は，0.17（標準偏差0.41）です。傾き2平均が0.78ですので，児童300人の傾き2の値は，0.78±2×0.41，つまり−0.04〜1.60の間にほとんどが分布しています。これより，時点を追うごとに接線の傾きが上がり真値も上がっていく児童が大半ですが，ごく一部に下がる児童，または変化のほとんどない児童もいるということがわかります。

●**因子間の共分散の解釈**● 因子間の共分散は，どうでしょうか。切片・傾き1間共分散は，−4.02（相関は−0.54）です。そのため，発達軌跡の小1時点の値（切片）が大きい児童ほど，その直後の変化量が小さくなる傾向にあるとわかります。

また，切片・傾き2間共分散は，1.41（相関は0.58）です。そのため，小1時点の値（切片）が大きい児童ほど，その後の得点の上がり方が大きいとわかります。切片・傾き1間共分散の結果もふまえると，小1時点の値（切片）が大きい児童ほどその直後の変化量は小さいですが，後の変化量が徐々に正の方向に大きくなるため，最終的に真値も大きくなる傾向があるとわかります。

傾き1・傾き2間共分散は，−0.05（相関は−0.10）でした。つまり，小1時の接線の傾きとその後の傾きの変化量はあまり関係がないといえます。

●**誤差分散の解釈**● さらに，誤差分散の推定値を見てみましょう。最初の時点（小1）の誤差分散の推定値は，24.27（標準偏差は4.93）です。各児童の小1時の測定値には誤差が含まれていて，それには個人差があります。その個人差の大きさを標準偏差で表すと，4.93ということです。また，学年を経るごとに誤差分散はおおむね大きくなる傾向があり，時点6（小6）では誤差分散が47.61（標準偏差は6.90）と最も大きくなっています。

●**モデルの当てはまり**● モデルの当てはまりを見てみましょう。表5-2に，情報量規準と適合度指標の結果をまとめました。表には，他の3つのスキルデータに，2次の潜在成長モデルを当てはめたときの結果も示しています。まず，母数の数は15で，自由度は12です。2次の潜在成長モデルは図5-2のパス図より，因子平均が3つ，因子分散が3つ，因子間共分散が3つ，誤差分散が6つの，計15の母数があります。また，6時点の縦断データから計算できる平均の数は6つ，分散は6つ，共分散は$_6C_2=15$なので，この合計は27です。そのため，モデルの自由度は27−15＝12となります。

表5-2 情報量規準と適合度指標の計算結果（2次の潜在成長モデル）

	χ^2値	母数の数	自由度	AIC	BIC	CFI	RMSEA
言語スキル	17.94	15	12	47.94	103.49	0.997	0.041
日常生活スキル	16.60	15	12	46.60	102.15	0.995	0.036
社会生活スキル	286.61	15	12	316.61	372.17	0.575	0.277
対人関係スキル	1032.33	15	12	1062.33	1117.89	0.507	0.533

さて，日常生活スキルデータの適合度指標は，CFI＝0.995，RMSEA＝0.036であり，2次の潜在成長モデルはデータによく当てはまっています。また，第4章で線形の潜在成長モデルを当てはめたときは，CFI＝0.790，RMSEA＝0.211でした（表4-3）。したがって，2次の潜在成長モデルのほうが優れています。

また，情報量規準から，モデルの当てはまりを比較してみましょう。線形の潜在成長モデル

では，AIC = 250.18，BIC = 290.92でしたが（表4-3），2次の潜在成長モデルではAIC = 46.60，BIC = 102.15でした。情報量規準も，2次の潜在成長モデルのほうが適当であることを示唆しています。

●他のスキルデータへの当てはまり● 今度は，言語スキルデータへのモデルの当てはまりを見てみましょう。適合度指標を見ると，CFI = 0.997，RMSEA = 0.041と当てはまりが良いです。線形の潜在成長モデルでは，表4-3からCFI = 0.995，RMSEA = 0.048であり，当てはまりの良さは同程度です。情報量規準を見ると，2次の潜在成長モデルではAIC = 47.94，BIC = 103.49であり，線形の潜在成長モデルではAIC = 49.22，BIC = 89.96でした（表4-3）。このように，BICは線形の潜在成長モデルを支持しています。

言語スキルデータは図4-1①で見られたように，多くの児童が線形的な変化を示していました。したがって，線形の潜在成長モデルで十分に当てはまっています。2次の潜在成長モデルではデータに対してモデルが必要以上に複雑になって母数が増えたため，それがBICの差を生んだと考えられます。BICは母数の数が少ない，より単純なモデルを選好する傾向にあるからです（第3章）。そのため，言語スキルデータの場合は2次の潜在成長モデルの当てはまりも良いですが，より単純な線形の潜在成長モデルでも十分といえます。

一方，社会生活スキルや対人関係スキルについては，いずれも適合度指標の結果からモデルの当てはまりは良くないことがわかります。また，ここでは示していませんが，いずれのスキルでも一部の因子の分散が負に推定される，ヘイウッドケースが生じました。図4-1③と④の折れ線グラフからもわかるように，いずれも平均的に得点が大きく伸びる時期があります。これは，発達軌跡が非線形であることを意味しますが，その形状を二次曲線で当てはめることが不適当であったといえます。

5.2 区間線形の潜在成長モデル

非線形の発達軌跡を表現するための潜在成長モデルを，もう1つ紹介します。このモデルでは線形の潜在成長モデルを利用しますが，これまでのように因子からのパス係数を固定するのではなく，パス係数を母数として推定します。このモデルでは，後に見るように，時点全体を通してみれば非線形の発達軌跡を表現しますが，隣接する時点間では異なる傾きをもつ線形の発達軌跡を仮定します。そのため，このモデルを，区間線形の潜在成長モデルと呼びます。

5.2.1 パス図

図5-7は，社会生活スキルデータを分析することを想定したときの，区間線形の潜在成長モデルのパス図です。このモデルは，線形の潜在成長モデル（図4-3）と非常に似ています。ただひとつ違うのは，傾きの因子からのパス係数の一部を母数として推定するという点です。こ

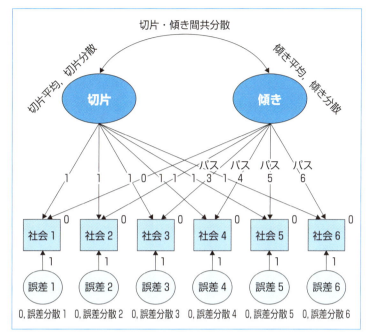

図 5-7　区間線形の潜在成長モデルのパス図（時点数＝6）

こで「一部」といったのは，すべてのパス係数を母数とすると，モデルが識別できなくなるからです。以下では，どのパス係数を固定するかについて，2つの方法を説明します。

●第1・第2時点を固定する方法●　この方法では，図5-7にあるように，時点1のパス係数を0，時点2のパス係数を1と固定します。そして，時点3以降のパス係数（パス3〜パス6）を推定します。このとき傾きの因子は，「時点1から時点2の変化量」を意味します。そして，パス3は，時点1〜時点2の変化量に比べて，時点1〜時点3の変化量（時点2〜時点3の変化量ではないことに注意）が何倍であるかを表現する母数となります。そしてパス4は，時点1〜時点4の変化量が，時点1〜時点2の変化量に比べて何倍であるかを示す母数です。残りのパス係数についても同様です。

　図5-8は，パス3＝2，パス4＝5，パス5＝6，パス6＝9としたときの発達軌跡の形状を示しています。2つの図は，ある2名の児童（A児，B児）の発達軌跡を表しています。発達軌跡が隣接する時点間（区間）で線形になっているので，図5-7のようなモデルを区間線形の潜在成長モデルというわけです。図5-8の左右の図を見比べると，発達軌跡には個人差があります。A児とB児の切片は異なっています。また，時点1〜時点2の変化量（傾き）も異なっています。しかし，時点1〜時点2の変化量を1としたとき，時点1〜時点3の変化量が2，時点1〜時点4の変化量が5，時点1〜時点5の変化量が6，時点1〜時点6の変化量が9，という折れ線の構造は同じです。区間線形の潜在成長モデルでは，このように各対象で異なる切片と傾きがありますが，発達軌跡における折れ線の構造は共通しています。

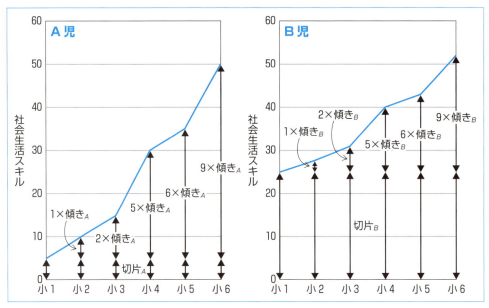

図 5-8　区間線形の潜在成長モデルの発達軌跡

●**第1・最終時点を固定する方法**●　前述のように，時点1と時点2を固定すると，傾きの因子は「時点1～時点2の変化量」を意味します。このように，時点1～時点2の変化量が基準となって，他のパス係数を解釈します。一方で，全体の変化量，つまり時点1～最終時点までの変化量を基準とすることもできます。その場合，時点1と最終時点のパス係数を順に0と1に固定します。そして，それ以外のパス係数を母数として推定します。このとき，傾きの因子は「時点1～最終時点までの変化量」を意味します。そして，パス係数2は，時点1～最終時点までの変化量を1としたとき，それに対する時点1～時点2の変化量の比率を意味します。次に，パス係数3は，同様の大きさに対する時点1～時点3の変化量（時点2～時点3の変化量ではないことに注意）の比率となります。他のパス係数についても同様です。

　パス係数を固定するこれらの2つの方法は，数学的には同じ発達軌跡を表現します。そのため，この違いはモデルの当てはまりには影響しません（本章のQuizを参照）。傾きの因子を意味づける際に，時点1～時点2の変化量を基準（1）とするのか，時点1～最終時点までの変化量を基準（1）にするのかの違いだけです。また，切片と傾きの間の共分散は，前者では「切片と時点1～時点2の変化量の関係」を意味しますが，後者では「切片と時点1～最終時点までの変化量の関係」になり，共分散の値は変わりますが，相関には影響しません（本章のQuizを参照）。このような違いをふまえながら，分析の目的や解釈のしやすさに応じて使い分ければよいでしょう。

5.2.2　社会生活スキルデータの分析

　社会生活スキルデータを，区間線形の潜在成長モデルで分析しました。その際，第1・第2時

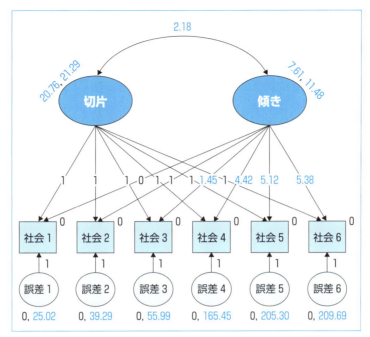

図 5-9 社会生活スキルデータの分析結果

点を固定して分析しました。図5-9がその結果です。ここで推定には最尤推定法を用いました。

●パス係数の解釈● 第1・第2時点の観測変数へのパス係数（パス1，パス2）は，それぞれ0，1に固定されています。パス3は1.45，パス4は4.42，パス5は5.12，パス6は5.38と推定されました。パス2とパス3の間にはあまり値に違いがありませんが，パス3とパス4の間では大きな違いがあります。これは，小2～小3の間に変化がほとんどない一方で，小3～小4にかけて大きな変化が生じていることを意味します。

また，パス4とパス5，およびパス5とパス6の間には値に大きな違いがありませんが，値が少しずつ増えています。このように，社会生活スキルデータにおける発達軌跡は，全体として値が増加する傾向がありますが，とくに小3～小4にかけて大きな変化があります。これは，図4-1③の折れ線グラフの傾向とも一致します。

●因子の解釈● 切片平均と切片分散の推定値から，発達軌跡の小1時の平均が20.76（点）であり，分散が21.29（標準偏差は4.61）とわかります。また傾き平均と傾き分散の推定値から，発達軌跡の小1～小2の間の変化量の平均が7.61であり，その分散が11.48（標準偏差は3.39）とわかります。これらより，300名の児童における各時点の真値の平均の推定値は，以下となります。

$$
\begin{aligned}
真値平均1 &= 20.76 + 0 \times 7.61 = 20.76 \\
真値平均2 &= 20.76 + 1 \times 7.61 = 28.37 \\
真値平均3 &= 20.76 + 1.45 \times 7.61 = 31.79 \\
真値平均4 &= 20.76 + 4.42 \times 7.61 = 54.40 \\
真値平均5 &= 20.76 + 5.12 \times 7.61 = 59.72 \\
真値平均6 &= 20.76 + 5.38 \times 7.61 = 61.70
\end{aligned}
$$

また切片・傾き間共分散の推定値は2.18（相関0.14）であり，切片の値と小1〜小2にかけての変化量の相関関係は小さいです。そのため小1時点で社会生活スキルが高い児童ほど，小2まで（または，それ以降）の変化量が大きいとはあまり言えないようです。

●モデルの当てはまり●　表5-3に，パス係数の推定結果と，情報量規準と適合度指標の結果を示しました。表には，他のスキルデータに区間線形の潜在成長モデルを当てはめたときの結果も示しています。区間線形の潜在成長モデルでは，時点3〜時点6のパス係数（パス3〜パス6）も母数です。したがって，モデルの母数は潜在成長モデルの母数11個（表4-3）に4個を加えて，計15個となり，モデルの自由度は27−15＝12です。

表5-3　情報量規準と適合度指標の計算結果（区間線形の潜在成長モデル）

	パス3	パス4	パス5	パス6	χ^2値	母数の数	自由度	AIC	BIC	CFI	RMSEA
言語スキル	1.93	2.92	3.76	4.86	13.19	15	12	43.19	98.75	0.999	0.018
日常生活スキル	2.87	4.98	7.83	10.72	18.42	15	12	48.42	103.97	0.994	0.042
社会生活スキル	1.45	4.42	5.12	5.38	15.99	15	12	45.99	101.55	0.994	0.033
対人関係スキル	1.01	1.03	1.03	3.03	23.10	15	12	53.10	108.66	0.995	0.056

表5-3の結果から，社会生活スキルデータについての適合度指標はCFI＝0.994，RMSEA＝0.033となり，当てはまりが良いとわかります。情報量規準の値も，これまでの潜在成長モデルを当てはめたとき（表4-3，表5-2）に比べて優れています。

●他のスキルデータの分析結果●　他のスキルデータへの当てはまりも見てみましょう。言語スキルでは，表5-3からパス3＝1.93，パス4＝2.92，パス5＝3.76，パス6＝4.86となっています。これらは，線形の潜在成長モデルでパス係数を固定したときの値（パス3＝2，パス4＝3，パス5＝4，パス6＝5）と似ています。これは，これらのパス係数をわざわざ推定する意義があまりなかったことを示唆します。

しかし，いまのパス係数の推定値は，線形の潜在成長モデルの場合と完全には対応していません。表4-3と表5-3の結果を比較すると，区間線形の潜在成長モデルでは，線形の潜在成長

モデルに比べて適合度指標の値が改善しています。ただし，区間線形の潜在成長モデルでは，パス係数を母数にしたことでモデルの複雑性が高まったため，たとえば情報量規準のBICでは線形の潜在成長モデルを支持しています。後の5.2.3項で説明するように，区間線形の潜在成長モデルにも分析結果の解釈上の限界点があります。その点をふまえると，これら2つのモデルの当てはまりが十分で，なおかつその程度に実質大きな違いがないときは，母数の少ないほう，つまりこの場合では，線形の潜在成長モデルを選択するほうがよいでしょう。

日常生活スキルでは，パス3＝2.87，パス4＝4.98，パス5＝7.83，パス6＝10.72でした。各時点のパス係数を見比べると，時点を追うごとにパス係数の変化量が徐々に大きくなっています。これは，時点間の変化量が大きくなっていることを意味します。また，CFI＝0.994，RMSEA＝0.042とモデルの当てはまりも良いです。日常生活スキルは，2次の潜在成長モデルの当てはまりも良好でした。これら2つのモデルは，6時点データのとき母数の数に違いはありません。後の5.2.3項で説明するように，将来のデータを予測する観点などからすれば，区間線形の潜在成長モデルの利用は必ずしも望ましくありません。そのため，この場合では2次の潜在成長モデルを選択するほうがよいでしょう。なお，表5-2と比較すると，大きな差ではありませんが，適合度指標も情報量規準も2次の潜在成長モデルを支持しています。

対人関係スキルでは，パス3＝1.01，パス4＝1.03，パス5＝1.03，パス6＝3.03でした。小1～小2の変化（＝1）に比べると，小2～小5にかけてほとんど平均的に変化がありませんが，小5～小6にかけて大きな変化があります。これは，図4-1 ④ の折れ線グラフの傾向と一致します。また，適合度指標もCFI＝0.995，RMSEA＝0.056とモデルの当てはまりもおおむね良いです。

5.2.3 区間線形の潜在成長モデルの長所と短所

このように区間線形の潜在成長モデルは，非線形の発達軌跡を柔軟に表現できます。また，このモデルは，発達軌跡の形について具体的な事前知識がないときの予備的な分析としても役立ちます。しかも，線形の潜在成長モデルの一部のパス係数を母数として設定するだけなので，手続きも簡単です。

一方で，このモデルにも短所があります。それは，これまで見てきた潜在成長モデルとは異なり，すべて時点をとおした発達軌跡の形を，1次（線形）や2次のような解釈しやすい関数で統一的に表現できないことです。そのため，たとえば将来の観測データの予測がモデルからは直接できません。区間ごとに傾きが変わるので，次の時点ではどのような傾きになるかがモデルから予測できないからです。一方で，たとえば線形の潜在成長モデルは，観測データについての1次式（［4-③］式，［4-④］式）の推定結果から，将来の値を線形予測できます。したがって，もし特定の形状を仮定したモデル（線形や2次の潜在成長モデル）による当てはまりの程度に問題がないのであれば，そのモデルを選択することが望ましいです。

また，区間線形の潜在成長モデルに限ったことではありませんが，このモデルは非常に柔軟

にデータに当てはまるので，目の前のデータ（300 人の児童）に過度に当てはまる可能性があります。これを過剰適合といいます。つまり，他のデータを集めたときに，同じモデルがよく当てはまらず，パス係数の推定値が大きく変わる可能性があることに注意する必要があります。

問1：以下の文章の（　）に適当な語句を入れましょう。

　2次の潜在成長モデルは，2種類の傾きの因子があります。1つめの因子（傾き1）は，時点 t の観測変数へのパス係数を（　あ　）と設定します。2つめの因子（傾き2）は，同様のパス係数を（　い　）と設定します。

　傾き1は発達軌跡における（　う　）時点目の接線の傾きを表し，傾き2はその接線の傾きの（　え　）のちょうど（　お　）倍を表します。また，このモデルでは，因子の数が3つなので，通常，モデルが識別されるためには，（　か　）時点以上のデータが必要です。

　区間線形の潜在成長モデルでは，一部のパス係数を母数として推定します。1時点目と2時点目のパス係数の値をそれぞれ0，1と設定したとき，3時点目のパス係数（パス3）は，（　き　）時点目から（　く　）時点目にかけての変化量が，1時点目と2時点目にかけての変化量に対して何倍であるかを意味します。区間線形の潜在成長モデルは柔軟に非線形の発達軌跡を表現できますが，すべての時点をとおした発達軌跡の形を，単一の関数を用いて統一的に表現をしていないため，一般にモデルから将来の値を（　け　）できないという短所があります。

問2：表4-1の社会生活適応検査データ（伴走サイトから入手してください）を，2次および区間線形の潜在成長モデルで分析し，表5-2と表5-3の結果が得られることを確認しましょう。

問3：問2に関して，社会生活スキルデータに区間線形の潜在成長モデルを当てはめる際，傾き因子から時点1と最終時点（時点6）へのパス係数をそれぞれ0，1と固定して分析し，図5-9と比較しながら結果を解釈しましょう。

読書量と語彙力の変化の関係をさぐる
——条件付き潜在成長モデルと多変量潜在成長モデル

第1章で述べたように,縦断データをとおして,複数の変数間の変化の関係を調べることができます。とくに調査・観察研究では,変数間の因果関係についてより踏み込んで調べるうえでも役立ちます。

第4・5章では,たとえば言語スキルデータなど,1つの変数についての縦断データを分析する潜在成長モデルを説明しました。本章では,多変量の縦断データの分析に利用される潜在成長モデルを2つ解説します。まず,発達軌跡の切片と傾きに表れている変化の個人差を,他の変数を用いて説明するための条件付き潜在成長モデルを解説します。次に,線形の潜在成長モデル(第4章)を多変量に拡張した多変量潜在成長モデルを解説します。多変量潜在成長モデルをとおして,多変量の縦断データの変化の相関関係を調べることができます。

6.1 読書調査データ —— 読書量と語彙力の関係

6.1.1 読書に対する認識と環境の変化

読書は,言語力など,学ぶ力の基礎となる活動のひとつ(深谷ら,2013;独立行政法人国立青少年教育振興機構,2013)です。秋田・無藤(1993)が,読書の意義や機能を,「空想・知識」(空想や感動できる,考えを深め知識を得る),「暇・気分転換」(暇つぶし,ゲラゲラ笑えるなど気分転換を図る),「成績・賞賛」(国語の成績が上がる,先生や父母にほめられる)に分類しているように,読書には学習以外の心理的・社会的な意義があると考えられます。日本人にとって読書は,保育園や幼稚園における童話・絵本の読み聞かせ,また地域や学校図書館における本を用いた学習活動を通して非常に身近なものとして存在しています。そして,このような環境により,一般に「読書は良いもの」という考えを日本人は暗黙的に共有していると考えられます(秋田・無藤,1993)。

1カ月間に1冊も本を読まない子どもの割合を不読率といいます。子ども読書年である2000年以降の読書環境の変化によって,不読率の割合は低下し,一人あたりの読書量は増加する傾向にあります(毎日新聞社,2012)。ただし,そのような中であっても,実際の学校場面では,読書が日常的な活動として定着しない子どもも多くいます。また,子どもへの読書推進に関す

る地域格差の問題や，学校間差は大きくなってきている可能性も指摘されており（独立行政法人国立青少年教育振興機構，2013），子どもに対して読書活動をいかに促すかは，学校・地域教育における重要な問題のひとつといえます。

6.1.2 読書量と語彙力の縦断データ

読書量と語彙力の関係を調べるために，ある小学校に通う200名の児童を対象に，1年間，読書活動推進プログラムを実施しました。ここでの読書活動推進プログラムは，担任・司書による本の紹介，学級文庫の設置，授業内の読み聞かせなどを定期的に行うことでした。表6-1は，児童の最近1カ月の読書冊数について，4月・7月・10月・1月末の4時点で調査して得た縦断データです（仮想データ）。

また，読書量以外からプログラムの効果を評価するため語彙能力検査（0～100点）を同時期に実施し，児童の語彙力がどのように変化しているのかも調べました。さらに，プログラムの開始時に，児童の1週間あたりの部活動への平均参加時間（単位：時間，以下，部活動時間）も調べています。なお，表6-1のデータには欠測があります。原因は児童の体調不良による欠席であり，欠測メカニズム（第2章参照）は完全ランダム欠測とします。

表6-1 語彙検査得点と読書冊数の縦断データ（仮想データ）

ID	語彙検査得点				読書冊数				部活動時間
	4月	7月	10月	1月	4月	7月	10月	1月	
1	49	58	68	75	7	7	9	10	0
2	38	33	41	37	2	2	0	4	6
3	36	52	45	54	4	1	3	0	1
4	41	51	54	66	0	4	1	6	2
5	31		37	41	1		1	5	4
6	28	46	60	67	1	5	4	8	0
7	51	53	56	63	4	4	3	7	0
8	38	29	64	54	1	0	1	3	11
200	22	39	44	53	0	5	6	6	14

＊網掛け部分は，データの欠測を表します。

6.2 変化の個人差の要因を調べる ── 条件付き潜在成長モデル

これまで説明した潜在成長モデルでは，切片と傾きの因子の平均をもとに，発達軌跡の平均像を推定しました。また，切片と傾きの因子の分散をとおして発達軌跡の個人差を調べました。たとえば，線形の潜在成長モデル（第4章）で分析し，読書冊数の発達軌跡の切片の分散が大きかったとします。このことは，最初の時点（4月）での読書量の個人差が大きいことを意味します。また，もし傾きの分散が大きいときは，その後の読書冊数の変化量の個人差が大きいことを意味します。

ところで，このように切片や傾きに個人差があったとき，その個人差を説明する要因はあるのでしょうか。あったとしたら，それはどのような変数なのでしょうか。たとえば，部活動時間が長い児童ほど，発達軌跡の切片や傾きにどのような傾向があるのでしょうか。このような問題を調べることで，児童のプロフィールと発達軌跡の関係を知ることができます。また，とくに発達軌跡の傾きとの関係をとおして，変化量の個人差について理解を深めることができます。

6.2.1 条件付き潜在成長モデルとパス図

条件付き潜在成長モデル（conditional latent growth model）は，潜在成長モデルと回帰モデルを組み合わせたモデルです。パス図を図6-1に示します。線形の潜在成長モデル（図4-3）と比べて何が違うでしょうか。まず，図の上側真ん中に「部活動時間」という観測変数があります。そして，部活動時間から切片と傾きにパスがのびています。また，切片と傾きには，それぞれ残差（残差I，残差S）という変数がつき，残差の間には双方向パスがついています。以下，これらについて説明します。

データを集めた4月，7月，10月，1月を順に，時点1〜時点4とします。ここで，A児の時点tにおける読書冊数を読書t_Aとしたとき，読書t_Aは，線形の潜在成長モデルでは［4-③］式

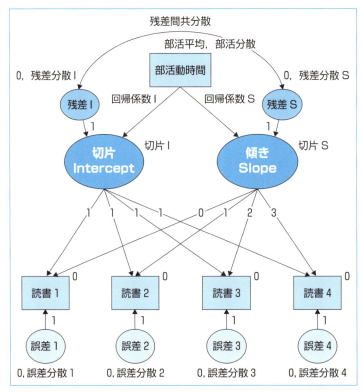

図6-1 条件付き潜在成長モデルのパス図（時点数が4の場合）

第6章　読書量と語彙力の変化の関係をさぐる——条件付き潜在成長モデルと多変量潜在成長モデル

から以下のようになります。

$$\text{読書}t_A = 1 \times \text{切片}_A + (t-1) \times \text{傾き}_A + \text{誤差}t_A \qquad [6\text{-}①]$$

ここでは，1人分の数式なので変数は破線で囲っています。条件付き潜在成長モデルでは，切片と傾きの個人差を，他の観測変数を使って説明します。パス図では，各児童の部活動時間の違いから，切片と傾きの個人差を説明しようとしています。つまり［6-①］式の切片$_A$と傾き$_A$に対して，以下の回帰モデルを設定します。

$$\text{切片}_A = \text{切片 I} + \text{回帰係数 I} \times \text{部活動時間}_A + \text{残差 I}_A$$
$$\text{傾き}_A = \text{切片 S} + \text{回帰係数 S} \times \text{部活動時間}_A + \text{残差 S}_A \qquad [6\text{-}②]$$

ここで，［6-②］式の切片Ⅰと切片Ｓは母数です。切片の因子と混同しないように注意してください。母数名の中にあるⅠはIntercept（切片）を，ＳはSlope（傾き）の頭文字を表します。さきほどパス図でみた部活動時間からのパスや残差が，［6-②］式と対応しているのを確認してください。［6-②］式は，各児童の切片と傾きの大きさが部活動時間の長さに応じて異なる（条件付けられている）ことを表現してします。このことから，図6-1のモデルを条件付き潜在成

質問コーナー

図6-1のパス図では，図4-3のパス図と違って，因子に母数が1つしかついていませんが，どうしてですか？

　第4章の質問コーナーでも示したように，図中の各変数に付される母数の数の違いは，その変数が内生変数かまたは外生変数であるかにかかわります。図4-3の線形の潜在成長モデルでは，「切片」や「傾き」因子は発達軌跡を表現するための外生変数でした。図6-1でも「切片」や「傾き」因子は発達軌跡を表現する役割を持っていますが，これらの因子は同時に，部活動時間から説明される内生変数としての見方もできます。このように，同じ変数であっても，他のどの変数間の関係に注目するかで，その変数が外生変数的な役割をしているのか，あるいは内生変数的な役割をしているのかが変化します。ただし，分類としては，他の変数からの影響を受ける関係が1つでも見られればその変数は内生変数と呼ぶため，図6-1の「切片」や「傾き」因子は内生変数として区分されます。反対に，部活動時間は他の変数からの影響を受けておらず，そのため単方向パスを1つも受けていないことから，外生変数となります。

　［6-②］式を見るとわかりますが，「切片」や「傾き」因子は部活動時間の（単）回帰式で表現されていますので，2つの因子の平均や分散は，部活動時間や残差の平均や分散を通して表現されます。そのため，部活動時間や残差の平均や分散を知る必要があることから，図6-1のこれらの変数には2つの文字が含まれています。一方，「切片」や「傾き」因子の平均・分散については，モデル上の母数にはなりません。しかし，各因子の平均を知るには，それぞれの回帰式の切片（「切片」因子とは異なることに注意）を推定しなければいけないため，図6-1の各因子には，切片を表す文字が1つだけ付されているのです。

長モデルと呼びます。

6.2.2 母数の意味

●**切片I・回帰係数I・残差分散Iの意味**● 図6-2は［6-②］式を図示したものです。左側の図を見てください。これは，各児童の（真の）発達軌跡の切片と部活動時間の散布図であり，各児童のデータを点で示しています。児童によって発達軌跡の切片の大きさはさまざまです。たとえば，A児よりもB児のほうが発達軌跡の切片が大きいです。この散布図に対して回帰直線を引き，縦軸とぶつかるところが「切片I」です。つまり，説明変数（部活動時間）が0の児童の発達軌跡の切片の大きさです。また，この回帰直線の傾きが「回帰係数I」です。回帰係数Iは，部活動時間が1時間長くなったときの，切片の増え方を表します。回帰係数Iが大きいほど，部活動時間により発達軌跡の切片の個人差の多くが説明できることを意味します。発達軌跡の切片は各児童に1つずつありますが，切片Iと回帰係数Iは，モデル内の単一の母数です。

しかし，回帰直線では各児童の切片の大きさは完全には説明できません。たとえば，A児もB児も回帰直線から点が離れており，A児のほうがそのずれが大きいです。このずれのことを残差といい，ここでは残差Iと表します。残差Iのばらつきの大きさ，つまり回帰直線と点のずれ方の個人差の大きさを表すのが，残差分散Iです。残差分散Iが大きいほど，部活動時間では発達軌跡の切片の個人差を十分説明できないことを意味します。

●**切片S・回帰係数S・残差分散Sの意味**● 同様に，図6-2の右側は，各児童の（真の）発達軌跡の傾きと部活動時間の散布図です。児童によって発達軌跡の傾きの大きさはさまざまです。たとえば，B児よりもA児のほうが発達軌跡の傾きが大きいです。読書推進プログラムの効果

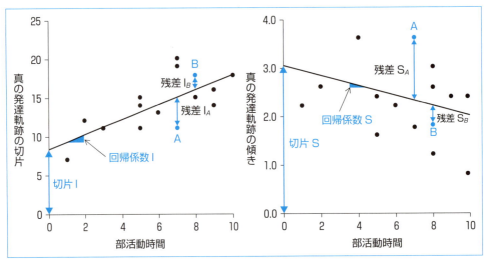

図6-2 切片と傾きに関する回帰式

が大きい児童ほど，時間を追うにつれて読書冊数が増えると予想され，同時にその児童の傾きが大きくなると考えられます。

この散布図に回帰直線を引き，縦軸とぶつかるところが「切片S」です。つまり，説明変数（部活動時間）が0の児童の発達軌跡の傾きの大きさです。また，回帰直線の傾きが「回帰係数S」であり，部活動時間が1時間長くなったときの傾きの増え方です。これが大きいほど，部活動時間により，発達軌跡の傾きの個人差の多くが説明できることを意味します。つまり，回帰係数Sを見ることで，読書量の変化の大きさ，もしくは読書推進プログラムの効果の大きさが，部活動時間の違いで異なるかどうかを調べられます。このように，切片Sと回帰係数Sは，切片Iや回帰係数Iのように，モデル内の単一の母数です。

また，残差Sは，各点と回帰直線のずれを意味し，そのばらつきの個人差の大きさが残差分散Sです。残差分散Sが大きいほど，部活動時間では発達軌跡の傾きの個人差を十分説明できないことを意味します。

● **残差間の共分散の意味** ●　残差間の共分散（図6-1）は，残差Iと残差Sの共分散であり，これが大きいほど，残差Iと残差Sの間に強い相関関係があるといえます。ここで，たとえば，各児童の発達軌跡の切片と傾きの間に強い相関関係があるとします。そして，部活動時間が発達軌跡の切片や傾きの個人差を説明するのに役に立たない，つまり回帰係数Iや回帰係数Sが0に近いとします。このとき，［6-②］式から，各児童の発達軌跡の切片と傾きの個人差の情報のほとんどは，残差Iと残差Sがそれぞれもっています。そして，もともと発達軌跡の切片と傾きの間に強い相関関係があるので，残差間の共分散は大きくなるはずとわかります。このように，残差間の共分散は，説明変数（ここでは部活動時間）だけでは説明しきれなかった，発達軌跡の切片と傾きの間の相関関係を表現しています。

● **説明変数の平均・分散** ●　説明変数である部活動時間について，その平均（部活平均）と分散（部活分散）もモデルの母数であり，推定します（本章の質問コーナーも参照のこと）。

6.2.3　補足

説明変数の数は，図6-1の部活動時間のように1つではなく，複数あってもよいです。さらに，ここでは線形の潜在成長モデル（第4章）に基づく，条件付き潜在成長モデルを説明しています。しかし，2次の潜在成長モデル（第5章）や，区間線形の潜在成長モデル（第5章）に基づく条件付き潜在成長モデルを考えることもできます。たとえば，2次の潜在成長モデルに基づく条件付き潜在成長モデルのパス図では，3つの因子（切片・傾き1・傾き2）に説明変数からパスをひきます。そして，3つの因子に残差をつけます。さらに，3つの残差について互いに双方向パスで結べばよいのです。数式では，［6-①］式を［5-③］式に置き換えるだけです。

6.2.4 条件付き潜在成長モデルによる分析

図6-3に分析結果を示します。表6-1のデータには欠測がありましたが、欠測メカニズムが完全ランダム欠測と考えられるので、完全情報最尤推定法（第2章参照）による推定結果を示しています。適合度指標はCFI＝0.992、RMSEA＝0.041でした。モデルのデータへの当てはまりは良いといえます。図6-3より、［6-②］式は、以下のように推定されたとわかります。

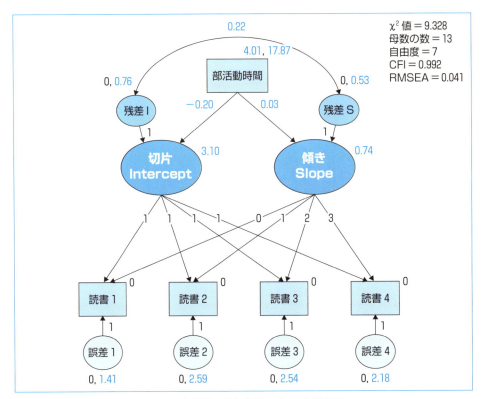

図6-3 条件付き潜在成長モデルの分析結果

$$切片 = 3.10 - 0.20 \times 部活動時間 + 残差I$$
$$傾き = 0.74 + 0.03 \times 部活動時間 + 残差S$$

●切片の回帰式（切片I・回帰係数I・残差分散I）の解釈● 切片Iは3.10でした。つまり、部活動時間が0（時間）である児童の発達軌跡において、時点1（4月）の読書冊数の平均が3.1冊ということです。また、回帰係数I＝−0.20から、児童の週あたりの部活動への参加時間が1時間長くなると、時点1（4月）の読書冊数が0.2冊少なくなる傾向にあります。また、残差分散I＝0.76（標準偏差は0.87）でした。部活動時間だけでは説明できない、発達軌跡の切片の個人差があることを示しています。

第6章　読書量と語彙力の変化の関係をさぐる──条件付き潜在成長モデルと多変量潜在成長モデル　　91

●**傾きの回帰式（切片S・回帰係数S・残差分散S）の解釈**●　切片Sは0.74でした。部活動時間が0（時間）である児童の時点間（3カ月間）の読書冊数の変化量が0.74冊ということです。次に，回帰係数S＝0.03から，児童の部活動時間が1時間長くなると，時点間（3カ月間）の読書冊数の変化量が0.03冊多くなる傾向にあります。たとえば，部活動時間が1時間の児童の場合，読書冊数の変化量が，0.74＋0.03＝0.77冊と推定できます。ただし，回帰係数Sの推定値（＝0.03）は十分大きくありません。部活動時間は，読書冊数の変化量の個人差を説明するうえでは，不十分といえます。また，残差分散Sは0.53（標準偏差は0.73）でした。先の回帰係数Sの結果から，部活動時間は傾きの個人差をあまり説明できませんでした。そのため，残差分散Sは，発達軌跡の傾きの個人差の情報の多くをもっているといえます。

●**残差間の共分散の解釈**●　残差間の共分散の推定値は0.22（相関は0.34）でした。つまり，部活動時間では説明できない，切片（4月時点の読書冊数）と傾き（その後の変化量）の間の相関関係があるということです。

●**母数の検定**●　回帰式の母数である「切片I」「回帰係数I」「切片S」「回帰係数S」については，その値が0であるという帰無仮説のもとで検定することで，読書推進プログラムの効果についてより詳しく理解できます。検定の結

表6-2　検定結果

	推定値	標準誤差	z値	p値
切片I	3.10	0.135	22.910	＜0.001
回帰係数I	−0.20	0.023	−8.546	＜0.001
切片S	0.74	0.093	8.007	＜0.001
回帰係数S	0.03	0.016	1.815	0.069

果を表6-2に示しています。たとえば，「回帰係数I＝0である」という帰無仮説のもとで検定を行う方法のひとつが，推定値と標準誤差の比であるz統計量を計算するという方法です。つまり，$z = \dfrac{\text{推定値}}{\text{標準誤差}} = \dfrac{-0.20}{0.023} = -8.696$となります（まるめの誤差のため，表の値の−8.546と一致しません）。帰無仮説のもとで，z統計量が漸近的に標準正規分布にしたがうことを利用して検定します。

両側検定のもとでこのzに対応するp値は，非常に小さく（＜0.001）なります。これより，回帰係数I＝−0.20の推定値は，有意水準5％の両側検定では統計的に有意です。つまり，部活動時間が長い児童ほど切片が小さい，つまり時点1（4月）での読書冊数が統計学的に有意に少ないことがわかります。

次に，切片S＝0.74の推定結果について見てみると，推定値は統計的に有意です。つまり，部活動時間が0（時間）である児童において，時点間（3カ月間）の読書冊数は有意に増えています。これは，読書推進プログラムの効果があることを意味します。

回帰係数S＝0.03はどうでしょうか。p値は0.069であり，0.050よりも大きいため，有意水準5％の両側検定では統計学的に有意ではありません。つまり，部活動時間の違いは，時点間（3カ月間）の読書冊数の変化量の個人差を説明できません。このことは，読書推進プログラム

の効果の大きさは，児童の部活動時間の違いによらないことを意味します。

　なお，このような検定は，第4・5章で説明した潜在成長モデルでもできます。たとえば，傾きの因子の平均を検定することで，時点間の変化量の平均が0かどうかを調べられます。しかし，縦断データでは，しばしば時点間で平均値の変化があることは明らかであるため，この目的で検定を行うことはあまりありません。条件付き潜在成長モデルでは，［6-②］式のような切片と傾きの回帰式をとおして，発達軌跡の個人差を説明できる変数を探るため，このような検定は有効です。

6.2.5　条件付き潜在成長モデルのまとめ

　表6-3に，線形の潜在成長モデル（第4章）と条件付き潜在成長モデルの，母数の対応関係をまとめました。線形の潜在成長モデルは説明変数である部活動時間のデータは含めない，［6-①］式（もしくは［4-③］式）のみのモデルです。2つのモデルの説明を見比べるとわかるように，条件付き潜在成長モデルでは，説明変数（部活動時間）に依存して母数の解釈をする必要があります。

表 6-3　線形の潜在成長モデルと条件付き潜在成長モデル（説明変数が部活動時間）の母数の対応関係

線形の潜在成長モデル （部活動時間なし）	条件付き潜在成長モデル
切片平均：時点1（4月）における児童の読書冊数の平均	切片 I：部活動時間が0である児童の，時点1（4月）における読書冊数の平均
切片分散：時点1における読書冊数の個人差の大きさ	残差分散 I：部活動時間では説明できない，時点1における読書冊数の個人差の大きさ
傾き平均：読書冊数の変化量の平均	切片 S：部活動時間が0である児童の，読書冊数の変化量の平均
傾き分散：読書冊数の変化量の個人差の大きさ	残差分散 S：部活動時間では説明できない，読書冊数の変化量の個人差の大きさ
切片・傾き間共分散：時点1の読書冊数とその変化量の相関関係の強さ	残差間共分散：部活動時間では説明できない，時点1の読書冊数とその変化量の相関関係の強さ

　また，線形の潜在成長モデルでは，発達軌跡の切片や傾きの平均や分散を母数（たとえば，切片平均，傾き分散）として直接表現しました。一方，条件付き潜在成長モデルの場合，切片や傾きの因子の回帰式（たとえば，切片 I や回帰係数 S）を推定しますが，切片や傾きの因子の平均や分散の情報は直接わかりません。そのため，たとえば児童の時点1の読書冊数の平均や，読書冊数の変化量の分散は直接わかりません。したがって，たんに発達軌跡の平均像や個人差を調べたいときは，線形の潜在成長モデルなど，これまで説明した潜在成長モデルが向いています。一方，発達軌跡の切片と傾きの個人差を他の説明変数を用いて調べたいときは，条件付き潜在成長モデルが向いています。実際には，たとえばまず線形の潜在成長モデルを用いて発達軌跡の個人差の大きさを調べてから，条件付き潜在成長モデルでその個人差を説明する変数を調べていく，という手続きを踏むことが多いです。

6.3 多変量縦断データの変化の相関関係を調べる──多変量潜在成長モデル

表6-1には，読書冊数と語彙検査得点の2変量縦断データがあります。これらのデータの変化の関係，つまり発達軌跡の関係はどう調べればよいでしょうか。たとえば，「読書冊数の増え方が大きい児童ほど，語彙検査得点の上がり方が大きい」かどうかを知るには，どうすればよいでしょうか。

このとき，読書冊数と語彙検査得点の縦断データそれぞれに対して，個別に潜在成長モデルを当てはめるとどうでしょうか。この場合，それぞれの変数の発達軌跡を調べることはできますが，これらの発達軌跡の関係について調べることはできません。そこで，このようなときに有効な方法が，**多変量潜在成長モデル**（multivariate latent growth model）です。

6.3.1 多変量潜在成長モデルのパス図

図6-4に，多変量潜在成長モデルのパス図を示しました。多変量潜在成長モデルは，1変量のときの潜在成長モデルを，多変量に拡張したモデルです。ここでは，2変量縦断データを考え

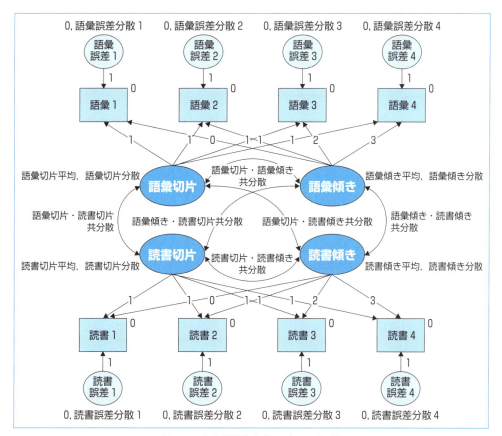

図6-4 多変量潜在成長モデルのパス図

ているので，2変量潜在成長モデルともいいます。図から明らかなように，語彙検査得点（図中，語彙）と読書冊数（図中，読書）の2変数について，それぞれ線形の潜在成長モデル（第4章）を考えています。そして，すべての切片や傾きの因子どうしを，双方向パス（共分散）で結んでいます。

各変数についての線形の潜在成長モデルの母数の解釈のしかたは，第4章で述べたとおりです。しかし，このモデルでは，多変量に拡張したことで，因子間の共分散が新たに4つ設定されています。ここでは，その点について補足します。

たとえば，新たな共分散の1つに，「語彙傾き・読書切片共分散」があります。この共分散が正であるとき，語彙検査得点の発達軌跡の傾き（変化量）が大きい児童ほど，読書冊数の発達軌跡の切片（4月時の読書冊数）が大きいことを意味します。また，「語彙傾き・読書傾き共分散」は，2変数の発達軌跡の傾きどうしの共分散です。この共分散が正であるとき，語彙検査得点の発達軌跡の傾き（変化量）が大きい児童ほど，読書冊数の発達軌跡の傾き（変化量）も大きいことを意味します。他の共分散についても同じように解釈できます。

このように，多変量潜在成長モデルでは，各変数の切片や傾きの因子間の相関関係から，発達軌跡の間の相関関係を知ることができます。これは，1変量の潜在成長モデルを各変数の縦断データに別々に当てはめただけでは，知りえない情報です。

6.3.2 多変量潜在成長モデルによる分析

表6-1のデータを多変量潜在成長モデルで分析しました。結果を図6-5に示しています。欠測メカニズムが完全ランダム欠測ですので，完全情報最尤推定法（第2章）による推定結果を示しています。また，適合度指標の結果も図6-5に示しています。この結果より，多変量潜在成長モデルが，データによく当てはまっているといえます。

●**語彙検査得点の発達軌跡の解釈**● まず，各変数の発達軌跡を解釈しましょう。語彙切片平均は38.42，語彙傾き平均は5.90でした。つまり，語彙検査得点の発達軌跡における最初の時点（4月）の平均は38.42点であり，時点間（3カ月間）で平均して5.90点増えるということです。そして，語彙切片・語彙傾き間共分散は5.34（相関は0.28）でした。相関は大きくはありませんが，4月時点の得点が高い児童ほど，その変化量も大きい傾向が見られます。

●**読書冊数の発達軌跡の解釈**● 読書切片平均は2.30，読書傾き平均は0.86でした。つまり，読書冊数の発達軌跡では，最初の時点（4月）の平均は2.30冊であり，時点間（3カ月間）で平均して0.86冊増えるといえます。そして，読書切片・読書傾き共分散は0.17（相関は0.20）でした。相関は小さいですが，4月時点の読書冊数が多い児童ほど，その変化量も大きい傾向があるようです。

第6章 読書量と語彙力の変化の関係をさぐる――条件付き潜在成長モデルと多変量潜在成長モデル　95

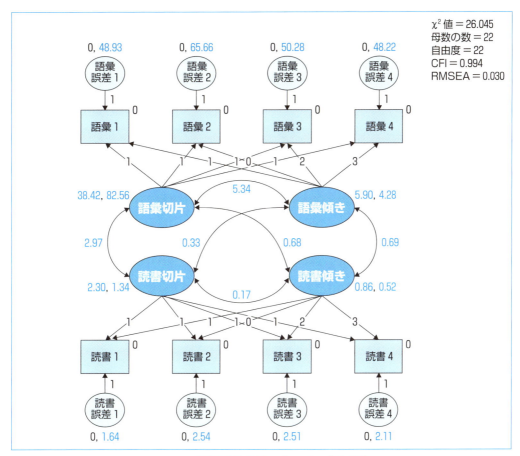

図 6-5　多変量潜在成長モデルによる推定結果

●2つの発達軌跡の関係●　さて，語彙検査得点と読書冊数の発達軌跡どうしの関係を解釈してみましょう。2つの発達軌跡は，月を追うごとに平均的に真値が上昇する傾向を示しています。はたして，「読書冊数の増え方が大きい児童ほど，語彙検査得点の上がり方も大きい」などといった変化の相関関係は見られるのでしょうか。ここから，多変量潜在成長モデルの良さが生きてきます。

まず，語彙切片・読書切片共分散は2.97（相関係数は0.28）と推定されています。これより，4月時点で語彙検査得点が高い児童ほど，同時期の読書冊数も多いという関係にあるとわかります。次に，語彙傾き・読書傾き共分散は0.69（相関係数は0.46）です。これより，読書冊数の変化量が大きい児童ほど，語彙検査得点の変化量も大きいといえます。

また，語彙傾き・読書切片共分散は0.33（相関係数は0.14）でした。相関は小さいですが，4月時点で読書冊数が多い児童ほど，語彙検査得点の変化量も大きい傾向があります。そして語彙切片・読書傾き共分散は0.68（相関係数は0.10）でした。相関は小さいですが，4月時点で語彙検査得点が高い児童ほど，読書冊数の変化量も大きい傾向がわかります。

6.3.3 多変量潜在成長モデルのまとめ

多変量潜在成長モデルによる分析結果から，2つの変数の発達軌跡の関係を調べることができました。具体的に，たとえば「読書量が増えている児童ほど，語彙検査得点が上がる傾向にある」ことがわかりました。読書推進プログラムをとおして児童の読書量が増え，それが語彙検査得点の上昇につながった可能性があります。

しかし，多変量潜在成長モデルが示すのは，読書冊数と語彙検査得点の変化の相関関係であって，因果関係ではありません。したがって，「読書量が増えたから語彙検査得点が上がった」のような因果関係を示すには不十分です。たとえば，語彙能力得点が徐々に高くなることで学習への有能感を感じることができた子どもほど，推進されている読書活動への意識が高くなり，その結果として読書量が増えた可能性があります。この場合，いまとは逆の因果関係になります。第7章では，このような変数間の因果関係について，縦断データを用いてより掘り下げて調べるためのモデルについて紹介します。

【文献】

秋田喜代美・無藤隆（1993）．読書に対する概念の発達的検討——意義・評価・感情と行動の関連性．教育心理学研究，**41**，462-469.

独立行政法人国立青少年教育振興機構（2013）．子どもの読書活動と人材育成に関する調査研究．青少年調査ワーキンググループ報告書．

深谷優子・秋田喜代美・上原友紀子・宇佐美慧・南風原朝和（2013）．中学生・高校生の読書と学校の読書推進行動（2）——未来志向・市民性と学校の読書推進との関連．第55回日本教育心理学会大会論文集，570.

毎日新聞社（2012）．http://macs.mainichi.co.jp/space/web/041/data.html

問1：以下の文章で正しいものに ○ を，誤っているものに × をつけましょう。

(1) 条件付き潜在成長モデルでは，発達軌跡の切片と傾きの個人差を，他の説明変数からどの程度説明できるのかを，回帰モデルを利用して調べる。

(2) 条件付き潜在成長モデルには，発達軌跡の切片と傾きの因子の平均と分散を，直接的に表現する母数はない。

(3) 条件付き潜在成長モデルにおける発達軌跡の切片の回帰式の残差分散は，切片の個人差の大きさを意味する。

(4) 多変量潜在成長モデルにおいて，発達軌跡の傾きの因子の間の共分散は，「各発達軌跡の変化の間の因果関係の強さ」を意味する。

(5) 時点数が5の3変量縦断データがある。各変数について線形の発達軌跡を仮定した多変量（3変量）潜在成長モデルを，このデータに当てはめることを考える。このとき，モデル内にある因子間の共分散の数は6つである。

(6) 多変量縦断データがあり，各変数に非線形の発達軌跡を考えたい。くわえて，各変数の発達軌跡の関係を知りたいとする。そのための方法として，たとえば各変数について，2次曲線の発達軌跡を仮定した多変量潜在成長モデルが挙げられる。

問2：表6-1のデータを利用して（伴走サイトより入手してください），以下のことを試してください。

(1) 条件付き潜在成長モデル（図6-1）と多変量潜在成長モデル（図6-4）を当てはめ，図6-3と図6-5の分析結果が得られることを確認しましょう。

(2) 読書冊数の発達軌跡の形状が非線形である可能性があります。そのため，読書冊数の縦断データに，区間線形の潜在成長モデル（第5章）を当てはめようと思います。同時に，部活動時間と発達軌跡の関係も調べたいとします。そこで，読書冊数の縦断データに，区間線形の潜在成長モデルに基づく条件付き潜在成長モデルを当てはめ，分析結果を解釈してください。

第7章 脳機能と記憶能力の変化の因果関係に迫る ── 多変量自己回帰モデル

　第6章で説明した多変量潜在成長モデルにより，各変数の発達軌跡の切片と傾きの因子に関する相関関係をとおして，発達軌跡の間の関係を調べることができました。しかし，それはあくまで相関関係であり，各変数の変化の間の因果関係を調べるためには不十分でした。そこで本章では，因果関係をより踏み込んで調べるためのモデルである，多変量自己回帰モデル（multivariate autoregressive model）[*21] を解説します。

7.1　高齢者の脳データ ── 脳機能の低下と記憶能力の関係

7.1.1　認知症とは

　かつて，わが国では「痴呆」と呼ばれていましたが，2004年から「認知症（dementia）」ということばを用いることになりました。認知症は，後天的な脳の器質的障害により生じる疾患群です。認知症の症状は，徘徊（長時間歩き回る），記憶障害，異食（食べられないものを口にする），失語症（ことばを理解したり伝えられなくなる），失見当識（現在がいつで，いまどこにいるのかに対する状況の認識），誤認妄想（物を盗られた，毒を盛られたなどの事実に基づかない妄想）など，多岐にわたります。認知症は30代〜50代のときにも発症するケースが報告されていますが（これを，若年性認知症といいます），一般に高齢期において多く見られる疾患であり，全国の65歳以上の高齢者においては，およそ7人に1人が認知症であると推計されています（厚生労働省，2012）。

7.1.2　側脳室容量と記憶能力

　第3章でもふれたように，日本は2007年に超高齢社会に突入しました。先進国をはじめとして世界規模で平均余命が延び，多くの人が非常に高齢まで生きられるようになっています。そのなかで，100歳すぎても丈夫で元気な人もいれば，比較的若くして寝たきりになる人，認知症を発症する人もいます。このような，加齢にともなう変化やその個人差を正しく把握し，そ

[*21]　交差遅延パネルモデル（cross-lagged panel model: CLPM），自己回帰交差遅延モデルなどとも呼びます。

れらのメカニズムを解明することが重要になっています。このような背景から，学際的な研究チームによる大規模な高齢者縦断データの収集が，世界各地で進んでいます。わが国でも，高齢者を対象とした縦断調査が行われています（たとえば，宇佐美・菅原，2012）。海外の研究では，たとえばマッカードルら（2004）は，加齢にともなう高齢者の認知的能力と脳機能の変化の関係を調べました。彼らは米国の高齢者を対象に，認知症などの記憶障害を調べるために国際的に使われているウェクスラー記憶検査を実施しました。また，彼らは，側脳室[*22]の容量を数年にわたって縦断的に測定しました。そして，側脳室の容量の増大にともなって，記憶の機能をつかさどる海馬領域が縮小することで，高齢者の記憶能力が低下している可能性を指摘しました。

　ここで，日本の高齢者を対象として同様の調査を行い，表7-1のような仮想データを得たとします。表7-1は，第1回調査で65歳だった高齢者200名に，5年ごとにウェクスラー記憶検査を実施した結果と，側脳室容量を測定した結果です。ウェクスラー記憶検査のデータは，得点が高いほど記憶能力が優れていることを表します。また，側脳室容量のデータは，各高齢者の頭の大きさに対する側脳室の容量の比として規準化（0～1に変換）された値です。また，このデータには欠測があります。欠測は主に死亡によるものであり，欠測メカニズムはランダム欠測（第2章参照）とします。

表7-1　ウェクスラー記憶検査得点と側脳室容量の縦断データ（仮想データ）

ID	ウェクスラー記憶検査（点）				側脳室容量			
	1（65歳）	2（70歳）	3（75歳）	4（80歳）	1（65歳）	2（70歳）	3（75歳）	4（80歳）
1	122	117	111	104	0.05	0.14	0.13	0.44
2	123	104	105		0.28	0.19	0.22	
3	132	119	111	103	0.18	0.31	0.36	0.42
4	117	119	102	84	0.40	0.39	0.28	0.24
5	113	108			0.33	0.41		
200	100	105	100	85	0.11	0.22	0.36	0.42

＊濃い網掛け部分は，データの欠測を意味します。
＊側脳室容量は，各高齢者の頭の大きさに対する側脳室の容量の比を表します。

　図7-1は，各高齢者のウェクスラー記憶検査得点と側脳室容量のデータの折れ線グラフです。このデータから，ウェクスラー記憶検査得点と側脳室容量の間には，何らかの因果関係があるといえるでしょうか。本章では，この点についてより踏み込んで調べるために，多変量自己回帰モデルを紹介します。多変量自己回帰モデルは，本書でこれまで説明してきたモデルと同様に，構造方程式モデリング（SEM）の枠組みで表現できます（図7-2）。しかし，潜在成長モデルの中には分類されないモデルです。次節では，多変量自己回帰モデルについて説明する前に，その基礎となる自己回帰モデル（autoregressive model）について説明します。

[*22]　左右の大脳半球内に存在する空間。側脳室の拡大による脳萎縮は，記憶障害に関わると考えられています。

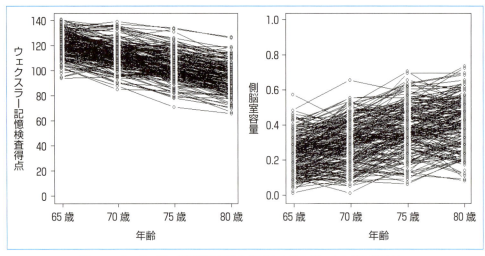

図7-1　ウェクスラー記憶検査得点と側脳室容量のデータの折れ線グラフ

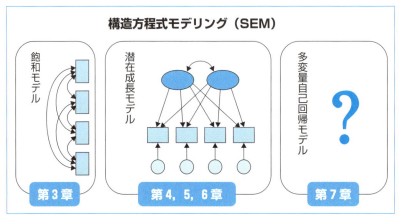

図7-2　構造方程式モデリング（SEM）の枠組みで表現できるモデル

7.2　自己回帰モデル

7.2.1　自己回帰モデルのパス図

　自己回帰モデルは，経済学の時系列分析（第1章参照）の分野で発展してきたモデルです。図7-3①はそのパス図です。図では，65歳，70歳，75歳，80歳時を順に時点1〜時点4とし，各高齢者の時点tにおける側脳室容量の測定値を側脳室tで表しています。図では，側脳室1→側脳室2→側脳室3→側脳室4のように，時系列の順に変数がつながっています。これは，側脳室4のデータは1時点前の側脳室3から説明され，その側脳室3のデータはさらに1時点前の側脳室2から説明され，という関係を表しています。各時点の測定値をモデル式で表すと，以下

第7章 脳機能と記憶能力の変化の因果関係に迫る —— 多変量自己回帰モデル　101

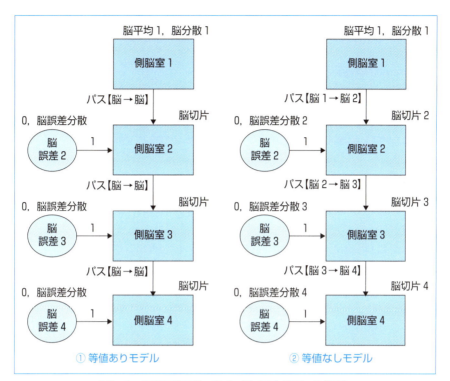

図7-3　自己回帰モデルのパス図（時点数が4の場合）

質問コーナー

2次の自己回帰モデルのパス図はどのような形で表現できますか？

　時点数が4の場合，たとえば下図のような形で表現できます。側脳室3，側脳室4は1時点前と2時点前の観測変数（それぞれ，側脳室1・側脳室2と側脳室2・側脳室3）から影響を受けています。ただし，側脳室1は，1次の自己回帰モデルと同様に，それ以前のデータを観測していないので，過去の観測変数の影響を受けていません（単方向パスが引かれていません）。同様に，側脳室2は，1時点前の側脳室1から影響を受けますが，2時点前のデータは観測していないので，1時点前の側脳室1のみから影響を受けていることが表現されています。このように，一般にk次の自己回帰モデルでは，k+1時点目以降の観測変数でないと，1時点前からk時点前までのすべての観測変数からの影響を受けた形で，式が表現できません。

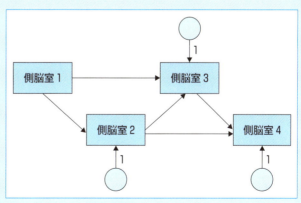

図　2次の自己回帰モデル（図中，丸は誤差を表す）

となります。

時点2：側脳室2 ＝ 脳切片 ＋ パス【脳→脳】× 側脳室1 ＋ 脳誤差2
時点3：側脳室3 ＝ 脳切片 ＋ パス【脳→脳】× 側脳室2 ＋ 脳誤差3　　　[7-①]
時点4：側脳室4 ＝ 脳切片 ＋ パス【脳→脳】× 側脳室3 ＋ 脳誤差4

　ここで，時点1の式がないのは，それ以前のデータを観測していないからです。このように，過去に測定された同じ変数で説明する回帰モデルであることから，自己回帰モデルといいます。とくに，図7-3①は，1時点前の過去の変数から説明するモデルであるため，**1次の自己回帰モデル**といいます。同様に，2次，3次の自己回帰モデルを考えることもできます。たとえば，**2次の自己回帰モデル**は，1時点前と2時点前の，2つの過去の変数から説明するモデルです（本章の質問コーナーを参照）。ただし本章では，最も基本となる1次の自己回帰モデルに限定して説明を進めます。

7.2.2　自己回帰モデルの母数の意味

　図7-3①を見てください。脳切片は，各時点の回帰式における切片です。そして，パス【脳→脳】は回帰係数です。とくに**自己回帰係数**ともいいます[*23]。自己回帰係数は，1時点前の同じ変数からの説明力（予測力）の高さを表しています。また，各時点の脳誤差（脳誤差2～脳誤差4）は，側脳室の測定値の回帰直線からのずれの大きさを意味しています。このずれの個人差の大きさが，脳誤差分散です。

　なお，先に述べたように時点1（65歳）では，1時点前のデータが得られていません。そのため，側脳室1を予測する説明変数がありません。したがって，側脳室1には誤差はつかず，それに対して，予測される立場にある変数（単方向パスを受ける側脳室2～側脳室4）にのみ誤差を考えます。そのため，側脳室1については，その平均（脳平均1）と分散（脳分散1）を推定します。

7.2.3　自己回帰モデルの等値制約

　[7-①]の回帰式では，母数である脳切片，パス【脳→脳】，脳誤差分散の値が，各時点で等しいとしています。これは，変数間の関係が時点によって変わらない，という制約を意味します。この制約に基づくモデルを，ここでは等値ありモデルと呼びます[*24]。等値ありモデルは，一般に母数の数が少なくなり，時間の経過にともなうデータの変化のメカニズムを単純化して

[*23] 第6章では，回帰係数1など，母数名に「回帰係数」を含めていましたが，ここでは簡単に示すため「パス」にしています。どちらも基本的な意味は変わりません。
[*24] 時系列分析の文脈で自己回帰モデルといった場合は，一般に等値ありモデルを指します。

理解できる，という長所があります。一方で，実際のデータでは，この制約によってデータへの当てはまりが非常に悪くなる場合があります。そのため，これらの母数すべてを時点間で異なることを仮定した，等値制約のないモデル（以下，等値なしモデル）を考えることもできます。

等値なしモデルを，図7-3②に示しています。この場合，たとえば脳切片は，脳切片2，脳切片3，脳切片4のように，時点によって値が変わります。自己回帰係数も，パス【脳1→脳2】，パス【脳2→脳3】，パス【脳3→脳4】のように，時点によって変わります。等値なしモデルでは，等値ありモデルに比べ，母数の数が多くなり，より柔軟にデータに当てはめることができます。一方で等値なしモデルは，説明変数の説明力の大きさが，時点によって一定でないことを意味します。つまり，時点が異なると変数間の関係性が変わることを暗に仮定しているため，このモデルのもとではデータの変化のメカニズムを単純化して理解することが一般に難しくなります。

また，等値ありモデルと等値なしモデルの中間的なモデルを考えることもできます。たとえば，切片・自己回帰係数・誤差分散すべてでなく，これらの一部の母数のみが時点によって異なるモデルです。ほかにも，時点2と時点3のモデル式の母数は等しい一方で，時点4のモデル式の母数はそれらとは異なるといった，一部の時点のみに制約を課すモデルも考えられます。SEMに基づいて分析することで，さまざまな仮定に基づく自己回帰モデルを柔軟に設定し，データへの当てはまりを比較しながら適切なモデルを探索できます。

7.2.4 自己回帰モデルによる分析

表7-1の側脳室容量の縦断データに，等値ありモデルと等値なしモデルを当てはめて分析しました。表7-1のデータには欠測がありましたが，欠測メカニズムはランダム欠測と考えられますので，完全情報最尤推定法（第2章を参照）により母数を推定しました。分析の結果を図7-4に示しています。

● **等値ありモデルの分析結果** ● まず，図7-4①の結果から，等値ありモデルでは推定された回帰式は各時点で等しく，以下のようになります。

$$時点2: 側脳室2 = 0.14 + 0.74 \times 側脳室1 + 脳誤差2$$
$$時点3: 側脳室3 = 0.14 + 0.74 \times 側脳室2 + 脳誤差3$$
$$時点4: 側脳室4 = 0.14 + 0.74 \times 側脳室3 + 脳誤差4$$

パス【脳→脳】（自己回帰係数）は0.74と，時点間で等しく推定されています。この結果から，1時点前の測定値から現時点の側脳室容量を，ある程度説明できる可能性があるとわかり

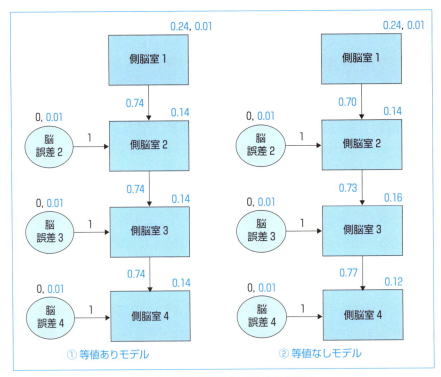

図7-4 自己回帰モデルによる推定結果

ます[*25]。

側脳室容量の発達軌跡の平均像を調べてみましょう。脳平均1 = 0.24なので，時点1（65歳）の側脳室容量の平均は0.24です。時点2，3，4の側脳室容量の平均は，推定された回帰式を利用して以下のようになります。

$$
\begin{aligned}
\text{時点2（70歳）の平均} &= 0.14 + 0.74 \times 0.24 = 0.318 \\
\text{時点3（75歳）の平均} &= 0.14 + 0.74 \times 0.318 = 0.375 \\
\text{時点4（80歳）の平均} &= 0.14 + 0.74 \times 0.375 = 0.418
\end{aligned}
$$

このように，少しずつ平均が上がっているとわかります。そして，誤差分散の値は各時点で等しく0.01（標準偏差は0.10）と推定されています。したがって，いまの測定データには，あ

表7-2 情報量規準と適合度指標の結果（自己回帰モデル）

	χ^2値	母数の数	自由度	AIC	BIC	CFI	RMSEA
等値ありモデル	12.20	5	9	22.20	38.69	0.990	0.042
等値なしモデル	7.17	11	3	29.17	65.45	0.987	0.084

[*25] 本章で後述するように，統計的検定を利用することで，このような自己回帰係数などの推定結果の統計学的な有意性について吟味できます。

る程度の誤差が含まれているとわかります。最後に，表7-2に情報量規準と適合度指標の結果を示しました。等値ありモデルの適合度指標は，CFI = 0.990，RMSEA = 0.042であり，モデルの当てはまりは良いことがわかります。

● **等値なしモデルの分析結果** ● 次に，等値なしモデルの結果を見ましょう。図7-4 ② から，推定された回帰式は各時点で以下のようになります。

$$時点2：側脳室2 = 0.14 + 0.70 \times 側脳室1 + 脳誤差2$$
$$時点3：側脳室3 = 0.16 + 0.73 \times 側脳室2 + 脳誤差3$$
$$時点4：側脳室4 = 0.12 + 0.77 \times 側脳室3 + 脳誤差4$$

このように，回帰式の切片と自己回帰係数の値は時点によって変わります。しかし，各時点の回帰式は，見かけ上，大きな違いはなさそうです。

側脳室容量の発達軌跡の平均像を調べてみます。脳平均1 = 0.24なので，時点1（65歳）の側脳室容量の平均は0.24です。また時点2，3，4の側脳室容量の平均は，以下のようになります。

$$時点2（70歳）の平均 = 0.14 + 0.70 \times 0.24 = 0.308$$
$$時点3（75歳）の平均 = 0.16 + 0.73 \times 0.308 = 0.385$$
$$時点4（80歳）の平均 = 0.12 + 0.77 \times 0.385 = 0.416$$

このように，等値ありモデルの場合と大きな違いはありません。また，誤差分散の推定値も，時点間で異なることを仮定していましたが，結果として小数点第二位までは等しく，0.01（標準偏差0.10）と推定されています。

等値なしモデルの当てはまりの結果も，表7-2に示しています。適合度指標は，CFI = 0.987，RMSEA = 0.084であり，モデルの当てはまりはおおむね良いことがわかります。しかし，等値ありモデルに比べて，やや値が悪くなっています。また，情報量規準の結果も，等値ありモデルのほうが優れていることを示しています。先ほど見た等値なしモデルの回帰式の結果は，等値ありモデルの場合とあまり大きな違いはありませんでした。わざわざ等値制約をなしにしたことでモデル内の母数の数が増えたため，等値なしモデルのほうが，データへの当てはまり（χ^2値）とモデルの複雑さ（母数の数）のバランスが悪くなったといえます。

7.3 多変量自己回帰モデル

多変量自己回帰モデルは，自己回帰モデルを多変量に拡張したモデルです。ここでは，側脳

室容量とウェクスラー記憶検査得点の，2つの変数がある場合を考えます。

7.3.1 多変量自己回帰モデルのパス図

多変量自己回帰モデルのパス図を，図7-5に示します。各高齢者の時点tにおけるウェクスラー記憶検査得点を，記憶tで表しています。パス図には，側脳室1→側脳室2→側脳室3→側脳室4と，記憶1→記憶2→記憶3→記憶4という2つの流れがあります。加えて，側脳室1→記憶2や記憶1→側脳室2のような，異なる変数間のつながりも表現されています。

このように，各時点の側脳室容量が，1時点前の側脳室容量とウェクスラー記憶検査得点の両方から影響を受けています。また，同様に各時点のウェクスラー記憶検査得点が，1時点前の2つの変数の両方から影響を受けています。多変量自己回帰モデルは，2つの説明変数に基づく重回帰モデル（本シリーズ第3巻を参照）を，側脳室容量とウェクスラー記憶検査得点の変数それぞれに対して同時に，また，各時点で設定したモデルといえます。なお，多変量自己回帰モデルについても，2時点前や3時点前の変数からの影響も含めた，2次や3次のモデルを考

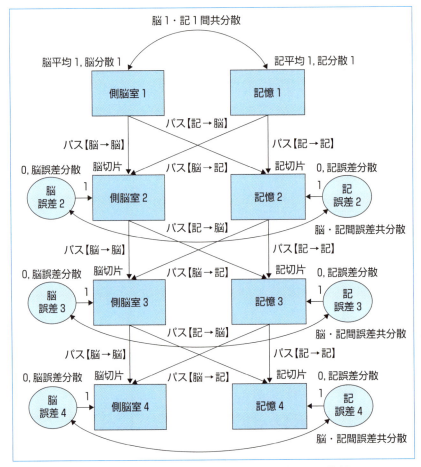

図7-5　多変量自己回帰モデルのパス図（時点数が4の場合）

7.3.2 多変量自己回帰モデルの母数の意味

たとえば，時点2（70歳）の測定値を式で表現すると，以下となります。

$$
\begin{aligned}
\boxed{側脳室2} &= 脳切片 + パス【脳→脳】× \boxed{側脳室1} \\
&\quad + パス【記→脳】× \boxed{記憶1} + (脳誤差2) \\
\boxed{記憶2} &= 記切片 + パス【記→記】× \boxed{記憶1} \\
&\quad + パス【脳→記】× \boxed{側脳室1} + (記誤差2)
\end{aligned}
\quad [7\text{-}②]
$$

母数は，重回帰分析の場合と同じように解釈できます。たとえば，1つめの式は，側脳室2を，側脳室1と記憶1によって説明する重回帰式です。そして，脳切片は，重回帰式における切片です。パス【脳→脳】は，1時点前の自分自身からの説明力を意味する自己回帰係数です。次にパス【記→脳】は，1時点前の記憶1からの説明力を意味する回帰係数であり，後述のように変数間の変化の因果関係の解釈に関わります。脳誤差2は，回帰直線と側脳室2の測定値のずれの大きさです。その個人差の大きさが脳誤差分散です。

2つめの重回帰式についても，同じように解釈できます。たとえば，パス【脳→記】は，1時点前の側脳室1からの記憶2への説明力を意味する回帰係数です。図7-5を見ると，パス【記→脳】とパス【脳→記】を表す2つの単方向パスは，交差しています。また，これらの回帰係数は1時点前の変数からの説明力です。そこで，パス【記→脳】とパス【脳→記】は，**交差遅延係数**（**cross-lagged coefficient** または交差遅れ係数，クロスラグ係数）ともいいます。また，ここでは側脳室容量とウェクスラー記憶検査得点の2つの変数を考えているため，時点1の2つの変数の間の共分散（脳1・記1間共分散）も推定します。さらに，各時点の2つの回帰式の誤差の間の共分散（脳・記間誤差共分散）も推定します。脳・記間誤差共分散が大きいほど，1時点前の値からでは表現できない，現時点の2つの変数の間の相関関係の情報が多く含まれることを意味します。この解釈は条件付き潜在成長モデル（第6章を参照）における残差間共分散の場合とよく似ています。

7.3.3 多変量自己回帰モデルの利点

多変量自己回帰モデルの利点はどこにあるのでしょうか。少し状況を単純化して，時点1（65歳）と時点2（70歳）のデータのみで考えてみましょう。側脳室1から記憶2を予測する単回帰分析（図7-6①）をしたとします。側脳室容量から記憶能力への因果関係を踏み込んで調べるためには，単にパス【脳→記】の値を調べればよいと思うかもしれません。つまり，わざわざ記憶1を使わなくても，側脳室1と記憶2の関係を調べれば十分と思うかもしれません。

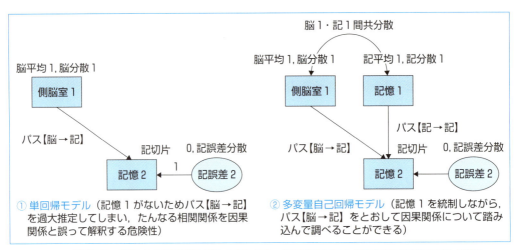

図7-6 「側脳室→記憶」の因果関係を調べるための,単回帰モデルと多変量自己回帰モデルの違い

　ここで,側脳室1と記憶1の間には,一般に身長と体重の間にみられるような強い相関関係があるとしましょう。また,記憶1と記憶2は時間を隔てた同じ変数なので,一般に正の強い相関関係があります。このように「側脳室1と記憶1」,また「記憶1と記憶2」の相関が強いデータでは,「側脳室1と記憶2」の相関も,記憶1を介して強くなる可能性が高いです。このような状況で,側脳室1と記憶2の間で単回帰分析を行うと,一般にパス【脳→記】は大きな値に推定されます。これは,側脳室容量から記憶能力への因果関係を示していると思うかもしれません。しかし,注意したいのは,これは（モデルには含まれていない）記憶1を介した相関関係にすぎない可能性が高いということです。これだけでは,「側脳室→記憶」という因果関係があると主張するには不十分でしょう。

　もう一度,今度は身長と体重の例で考えてみましょう。65歳時の身長と体重（身長1と体重1）の相関が高く,かつ体重1と体重2の相関が高いとします。そのとき,体重1の存在を無視して,「身長1→体重2」の単回帰分析をすると,回帰係数の推定値は大きくなります。「身長1と体重1」と「体重1と体重2」の,2つの高い相関の影響を受けるためです。しかし,このことから「70歳のときの体重の重さは,65歳のときの身長の高さが原因だ」と結論づけられるでしょうか。そうはいえないはずです。65歳のときの体重の重さも,70歳のときの体重の重さの原因のひとつに違いないからです。

　一方で,図7-6②は,側脳室1と記憶1の2つを説明変数として記憶2を予測する,重回帰式です。図7-5からもわかるように,これは時点数が2の場合の,多変量自己回帰モデルに相当します。記憶1も説明変数とすることで,「記憶1→記憶2」とともに「側脳室1→記憶2」の説明力を調べることができます。もっといえば,この重回帰式では,記憶1の値を統制しています。つまり,いま交差遅延係数であるパス【脳→記】は,同じ記憶1の値をもつ高齢者の中での「側脳室1→記憶2」の予測力を意味しています。したがって,単回帰分析の場合とは異なり,記憶1と記憶2の間の高い相関によって,パス【脳→記】が不当に大きく推定されることはあり

ません。このように，多変量自己回帰モデルでは，「側脳室→記憶」の因果関係を，交差遅延係数であるパス【脳→記】をとおしてより踏み込んで調べることができるのです。

ここでは，「側脳室→記憶」の因果関係を調べる例を説明しました。逆の場合についても，交差遅延係数であるパス【記→脳】から調べられます。多変量自己回帰モデルでは，2つの交差遅延係数（パス【脳→記】，パス【記→脳】）を同時に見ながら，側脳室容量と記憶能力の間の因果関係を調べます。表7-3に交差遅延係数に基づく因果関係の解釈についてまとめました。たとえば，「パス【脳→記】＝0かつパス【記→脳】＝0」の場合，変数間の因果関係がないことを示唆します。また，「パス【脳→記】≠0かつパス【記→脳】＝0」の場合，側脳室容量から記憶能力への因果関係を示唆します。

表7-3　2つの交差遅延係数に基づく因果関係の解釈

結果	解釈
パス【脳→記】＝0かつパス【記→脳】＝0	側脳室容量と記憶能力の間には因果関係がない
パス【脳→記】≠0かつパス【記→脳】＝0	側脳室容量から記憶能力への因果関係を示唆
パス【脳→記】＝0かつパス【記→脳】≠0	記憶能力から側脳室容量への因果関係を示唆
パス【脳→記】≠0かつパス【記→脳】≠0	記憶能力と側脳室容量は互いに原因にもなり結果となる，相互に影響しあう関係を示唆

7.3.4　多変量自己回帰モデルの等値制約

図7-5の多変量自己回帰モデルは，各時点の回帰式で母数が同じであることを表現している，等値ありのモデルです。ほかにも，各時点で母数の値がそれぞれ異なることを仮定した，等値なしモデルを考えることもできます。さらにこれらの中間として，一部の時点間や母数のみに制約を課したモデルを考えることもできます。

自己回帰モデルの場合と同じように，等値なしモデルのほうが一般により柔軟にデータに当てはまりますが，時点によって推定される変数間の関係が変わるので，変化のメカニズムを単純化して理解することが難しくなります。たとえば，一部の時点間では変数間に因果関係があると示唆されるが他の時点間にはない，といった解釈のしにくい複雑な結果となる可能性があります。多変量自己回帰モデルでは，データに当てはまるモデルを探索しながら，他の科学的な知見もふまえて因果関係を慎重に解釈していく必要があります。多変量自己回帰モデルに基づく因果関係の解釈の問題については，あとで補足します。

7.3.5　多変量自己回帰モデルによる分析

図7-7は，表7-1のデータに多変量自己回帰モデルを当てはめた結果です。ここでは，各時点で切片・回帰係数（自己回帰係数・交差遅延係数）・誤差分散・誤差共分散に等値制約を課した，等値ありモデルの結果（図7-7①）と，これらすべての制約がない，等値なしモデルの結果（図7-7②）を示しています。また，母数の推定には完全情報最尤推定法（第2章）を用いました。

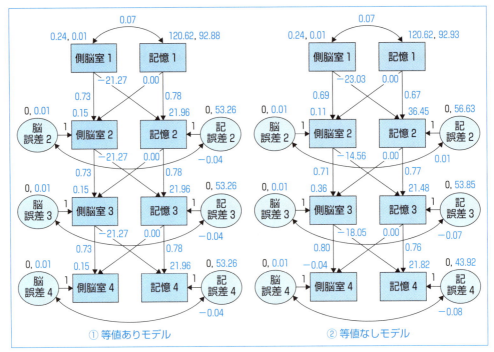

図7-7 多変量自己回帰モデルによる推定結果

●**等値ありモデルの分析結果**● 図7-7①を見ると，2つの自己回帰係数は，パス【脳→脳】＝0.73，パス【記→記】＝0.78です。各変数について，1時点前の測定値から現在の測定値をある程度説明できることが示唆されます。次に2つの交差遅延係数は，パス【脳→記】＝－21.27，パス【記→脳】＝0.00です。パス【脳→記】に注目すると，側脳室容量が大きくなるにつれ検査得点が下がる，つまり記憶能力が低下することを示しています。

表7-4に，自己回帰係数と交差遅延係数について，その値が0であるという帰無仮説のもとでの検定結果を示しました[*26]。2つの自己回帰係数はいずれも，有意水準5％の両側検定で統計学的に有意です。また

表7-4 検定結果（等値ありモデル）

	推定値	標準誤差	z値	p値
パス【脳→脳】	0.73	0.033	22.323	<.001
パス【記→記】	0.78	0.025	30.914	<.001
パス【脳→記】	－21.27	2.372	－8.966	<.001
パス【記→脳】	0.00	0.000	－0.186	0.853

交差遅延係数は，パス【脳→記】は有意でしたが，パス【記→脳】は有意ではありませんでした。つまりこれらの結果は，側脳室容量から記憶能力への因果関係を示唆します。

表7-5には，情報量規準と適合度指標の結果を示しました。適合度指標は，CFI＝0.964，RMSEA＝0.069となっています。RMSEAがやや高めですが，当てはまりにはおおむね問題がないといえるでしょう。

---

*26 これは条件付き潜在成長モデル（第6章を参照）における切片や回帰係数の検定と同じ方法です。

表7-5 情報量規準と適合度指標の結果（多変量自己回帰モデル）

	χ^2値	母数の数	自由度	AIC	BIC	CFI	RMSEA
等値ありモデル	58.11	14	30	86.11	132.29	0.964	0.069
等値なしモデル	21.24	32	12	85.24	190.78	0.988	0.062

●**等値なしモデルの分析結果**●　等値なしモデルの結果はどうでしょうか。図7-7②からもわかるように，各時点で切片・回帰係数（自己回帰係数・交差遅延係数）・誤差分散・誤差共分散は異なります。たとえば，2つの交差遅延係数は，それぞれ各時点で値が異なります（ここで，ウェクスラー記憶検査得点から側脳室容量への交差遅延係数は小数点第二位までは0.00と各時点で同じですが，それ以降は異なります）。また，ここでは結果は示していませんが，表7-4と同様に検定を行うと，側脳室容量からウェクスラー検査得点への交差遅延係数（パス【脳1→記2】，パス【脳2→記3】，パス【脳3→記4】）は，すべて統計学的に有意でした。もう一方の交差遅延係数は，時点1から時点2の値（パス【記1→脳2】）は有意ではありませんでしたが，それ以外の値（パス【記2→脳3】，パス【記3→脳4】）は有意でした。そのため，時点2〜時点4にかけては，側脳室容量と記憶能力は互いに原因にもなり結果となる，相互に影響しあう関係を示唆します。これは，先の等値ありモデルの場合とは異なる結果です。

　表7-5から，等値なしモデルの適合度指標は，CFI＝0.988，RMSEA＝0.062となっています。RMSEAがやや高めですが，当てはまりにはおおむね問題がないといえるでしょう。適合度指標の値は，等値ありモデルに比べると全体的にやや改善していますが，情報量規準のBICは，母数の数が少ないモデルを選択しやすい傾向（第3章）を反映して，ここでは等値ありモデルのほうが優れていることを示しています。

　等値ありモデルも，当てはまりには大きな問題はありませんでした。時点の違いによらずに，変数間の因果関係をより単純化して理解する目的からすれば，等値ありモデルのほうが良いでしょう。しかし，とくにこのように比較するモデルの間で異なる因果関係を示唆している場合，モデルの当てはまりだけでなく，推定値の大きさやデータについての知識もふまえて慎重にモデルを選択し，因果関係を解釈する必要があります。この点については，あとで補足します。

　なお，上述のように，等値あり・等値なしモデル以外にも，一部の時点間や母数のみについて等値制約を課すモデルなど，さまざまなモデルを考えることができました。モデルの当てはまりが悪い場合，当てはまりを改善するために，別のモデルを考えて分析する試みも重要でしょう。

7.4 多変量自己回帰モデルの補足

7.4.1 3変量以上のとき

　多変量自己回帰モデルは，変数が3つ（ここではX，Y，Zとします）以上のときであっても，

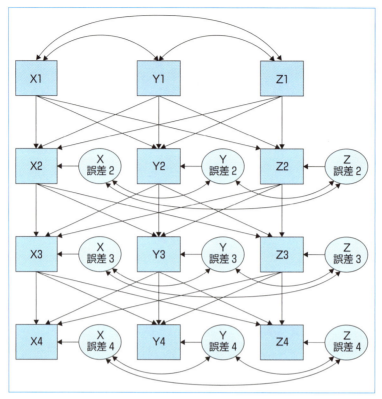

図7-8　3変量自己回帰モデル（母数は省略）

簡単に表現できます。図7-8は，（1次の）3変量自己回帰モデルのパス図です。図からわかるように，各時点の各変数を，1時点前の3つの変数で説明するモデルです。

　縦断データの長所として，（特に調査・観察研究において）変数間の因果関係についてより踏み込んで調べることができる，と第1章で説明しました。ここでの例のように，3変数以上の縦断データを扱うとき，この長所はさらに際立ちます。それは，「X1→Y2→Z3」の流れについて，「X1→Y2」という交差遅延係数と，「Y2→Z3」という交差遅延係数を同時に調べることができるからです。これにより，「Yを介して，XからZへの因果関係が生じている」という，Yの媒介効果（第1章および第3巻を参照）を調べられます。具体的には，これら2つの交差遅延係数が統計学的に有意であることが，Yの媒介効果があることを示唆します。このように，3変数以上のとき，2変数間の因果関係と同時に，より複雑な因果の関係性を意味する媒介効果も調べることができます。

7.4.2　因果関係を調べることの難しさ

●交差遅延係数を適切に評価するために●　多変量自己回帰モデルは，多変量の縦断データから変数間の因果関係を調べるうえで優れています。しかし，それはあくまで統計モデルですの

で，さまざまな統計的仮定のもとで成り立っています。たとえば，等値ありモデルでは，各時点の切片・回帰係数(自己回帰係数・交差遅延係数)・誤差分散・誤差共分散が同じであると仮定しています。ほかにも，先の分析では，これまでの章と同じように，測定値が（多変量）正規分布にしたがっており，また母集団からのランダムサンプルであることを仮定して，最尤推定法により分析しています。もし，このような仮定が十分に満たされておらず，誤ったモデルのもとで分析した場合，交差遅延係数の推定結果を大きく見誤る可能性があります。モデルから因果関係を調べるときには，このような統計的仮定が前提となっていることを認識する必要があります。とくに，時点間の母数の等値制約の適切性に関しては，本章の例で見たように，複数のモデルの当てはまりを比較し，適切なモデル選択を行うことが重要です。

　また，縦断データは，しばしば調査・観察研究の文脈で集められますが，この場合，因果関係を調べるうえで影響しうるさまざまな交絡要因の影響を，完全に統制できません（第1章も参照）。たとえば，側脳室容量の大きさや記憶能力の高さには大きな性差があり，性別は，これらの測定値の個人差を説明するうえで有力な共通原因であるとしましょう。そして，本当は側脳室容量と記憶能力の間の因果関係はないとします。このとき性別は，側脳室容量と記憶能力の間の因果関係を考えるうえでは直接関係ないため，交絡要因といえます。この状況は，性別を記憶に見立てると，図7-6とよく似た状況です。そのため，もし性別を統制せずに無視して分析したとすると，交差遅延係数の推定結果にバイアスが生じ，側脳室容量と記憶能力の間の関係の強さを不当に大きく見積り，因果関係があると誤った解釈をしてしまう可能性があります。したがって，とくに調査・観察研究では，因果関係を調べるうえで，どのような交絡要因が影響しうるかを考え，必要に応じてそれらを統制するためのデータを集めることが重要です。

　そして，表7-3のように，因果関係を，交差遅延係数に関する検定結果に依存して解釈することにも限界点があります。交差遅延係数が実際的に小さくても，標本サイズが大きくなれば帰無仮説は棄却されやすくなり，検定結果は統計学的に有意になるからです（第3章参照）。このような統計的検定のもつ限界も十分にふまえながら，推定値の大きさの実際上の有意味性も考慮して，推定結果を解釈する必要があります。

●**交差遅延係数の意味する因果性**●　そもそも交差遅延係数に基づく因果とは，非常に数学的な概念です。そのため，どのような変数であっても，データを集めれば数学的には交差遅延係数を推定できてしまいます。変数の意味を十分吟味せずに，たんに交差遅延係数を推定し，解釈するだけでは，因果関係を本質的に理解するうえで不十分な場合も多いでしょう。

　たとえば，パス【脳→記】が統計学的に有意な負の値であることは，「側脳室容量の増大が記憶能力の低下を引きおこす」という因果関係を示していました。しかし，ある結果（＝記憶能力の低下）が生じることの原因のとらえ方は，必ずしもひととおりに決まるものではありません。そのため，分析で用いた説明変数（側脳室容量）が直接反映する意味内容に限定せずに，それが実質的に何を反映しているのかを考えることで，因果関係をより本質的に理解できる可

能性があります。たとえば，本章の冒頭で述べたとおり，側脳室容量の増大は記憶の機能をつかさどる海馬領域の萎縮を意味しており，このことが記憶能力の低下につながっていると考えられます。このように，分析で用いた側脳室容量と記憶能力の対比ではなく，側脳室容量の大きさを反映する海馬領域と記憶能力を対比することで，因果関係をまた別の視点から，そしてより本質的に理解できるといえます。さらに，このように変数が実際に何を反映しているのかを吟味することは，先に説明した交絡要因の候補を探索するうえでも，役立つことがあります。

　これらのことは，数学的な視点からだけで因果関係を理解する試みの限界も意味します。そのため，交差遅延係数に基づく数学的な概念としての因果は，統計学者の名前をとって**グレンジャーの因果性**と呼び，より形式的な意味としての因果と区別することもあります。したがって，本章で説明した因果関係は，あくまで数学的な概念であることを認識するとともに，因果関係の本質に迫るためには，統計モデルとは別の視点やデータについての知識，および先行研究の知見などもふまえて慎重に分析結果の解釈を進めていくことが重要です。

【文献】

厚生労働省（2012）．http://www.mhlw.go.jp/stf/houdou/2r9852000002iau1.html

McArdle, J. J, Hamagami, F., Jones, K., Jolesz, F., Kikinis, R., Spiro Ⅲ, A., & Albert, M. S. (2004). Structural modeling of dynamic changes in memory and brain structure using longitudinal data from the normative aging study. *Journal of Gerontology*：*Psychological Sciences*, **59B**（6），294-304.

宇佐美慧・菅原育子（2012）．潜在曲線モデルを用いた日本の高齢者の身体的特性の変化と個人差に関する縦断的検討——MCMC法に基づく全国高齢者縦断調査データの解析から．行動計量学, **39**（2），43-65.

問1：以下の文章が正しければ〇を，間違っていれば×をつけましょう。

(1) X→Yという因果関係を，多変量自己回帰モデルでは，Yの過去の測定値を統制した重回帰式により調べる。

(2) 自己回帰モデルでは，時点1の変数を予測するそれ以前の説明変数はないため，時点1の変数の平均と分散をそれぞれ推定する必要がある。

(3) ある集団の身長と体重を，2年間追跡した縦断データがある。このデータを用いて，1年目の身長から2年目の体重を予測する単回帰分析を行ったところ，回帰係数が有意だった。これより，身長から体重への因果関係があるといえる。

(4) 3変量以上の縦断データの場合，多変量自己回帰モデルをとおして，変数間の媒介効果を縦断的に調べることができる。

(5) 多変量自己回帰モデルにおける交差遅延係数に基づく因果は，数学的な概念であり，因果関係を理解するうえでのひとつの見方にすぎないといえる。

問2：以下の問いに答えましょう。

(1) 多変量自己回帰モデルを表7-1のデータに当てはめて，図7-7で示した結果が得られることを確認しましょう。

(2) 表7-5において，等値ありモデルの自由度が30となる理由を説明してください。

問3：第6章の表6-1で示したデータに多変量自己回帰モデルを当てはめ，読書冊数と語彙検査得点の間の因果関係について考察しましょう。

付録：各章の Quiz の解答

第1章：Answer

問1. D
問2. （あ）＝交絡，（い）＝個人差，（う）＝相関，（え）＝因果

第2章：Answer

問1. (1) 打ち切り，(2) 脱落（または摩耗・損耗）
問2. (1)×，(2)○，(3)×，(4)×，(5)○
問3. たとえば，中学生を対象に，身長や体重についての回答を求める項目がある保健調査を考える。ここで，回答拒否を形式的な理由としたデータの欠測があったとする。もし，回答拒否が，（自己身体意識の強いとされる）女子生徒を中心に見られる場合，これはランダムな欠測と考えられる。一方で，そのようなメカニズムとは違ってもし生徒が，身長の高低や体重の軽重そのものを気にして回答拒否をしている場合，これはランダムでない欠測と考えられる。
問4. 回帰法に基づく（単一）代入法では，推定した回帰式を利用して欠測したデータに予測値を代入するが，その予測値の推定の誤差を考慮していない。一方，多重代入法では，その誤差の大きさを考慮しながら乱数を用いて複数のデータセットを発生させ，その結果を統合して母数の推定値を得る。そのため，データの正規性など，その手続きに一般に含まれる統計的な仮定に大きな誤りがないかぎりは，より適切な推定値が得られる。

第3章：Answer

問1. (1)＝○，(2)＝×，(3)＝○，(4)＝×，(5)＝×，(6)＝○，(7)＝×，(8)＝○，(9)＝×，(10)＝○
問2. 以下の図1のとおり（同じ文字は同じ母数を意味している）。

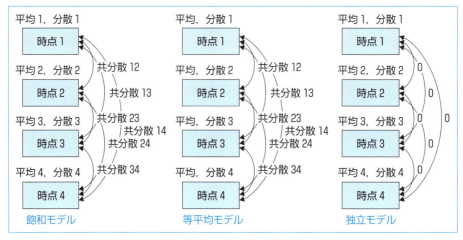

図1　各モデルのパス図

問3. 分析結果は表1のとおり。実験参加者内分散分析モデルは，飽和モデル・等平均モデル・独立モデルに比べ，母数の数が3つと最も少ないために，そのぶん自由度が6と最も大きくなる。χ^2値は16.43であり，表3-2から独立モデルよりは当てはまりが良いが，飽和モデルや等平均モデルに比べて悪い。一方，情報量規準を見ると，AICは飽和モデルが最も低い値を示しているが，BICは実験参加者内分散分析モデルが最も値が低く，これはBICが母数の数が少ないモデル（実験参加者内分散分析モデル）を，一般に選好しや

すいことを反映している。

　さらにモデルの良さを絶対的な観点から評価すると，実験参加者内分散分析モデルのCFIは0.908, RMSEAは0.188であり，RMSEAは不十分な値を示している。また，p値が0.012であるため，5％水準でχ^2適合度検定を行うと有意になり，飽和モデルのほうが適切なモデルであることを示唆している。これらの点を総合すると，飽和モデルが最も全体として優れており，55歳，65歳，75歳の間の結晶性知能の平均には差があることが示唆される[*27]。

表1　実験参加者内分散分析モデルによる推定結果

	分散分析モデル
対数尤度	−456.25
母数の数	3
自由度	6
χ^2値	16.43
p値	0.012
AIC	22.43
BIC	28.17
CFI	0.908
RMSEA	0.188

第4章：Answer

問1．(1) ＝ ×，(2) ＝ ○，(3) ＝ ○，(4) ＝ ○，(5) ＝ ×，(6) ＝ ×

問2．下の表2のとおり

表2

時点数	平均・分散・共分散の総数	母数の数	自由度	識別（○か×）
2	5	7	−2	×
3	9	8	1	○
4	14	9	5	○
5	20	10	10	○
6	27	11	16	○

問3．略

問4．(1) 図2のとおり。個人差はあるが，多くの幼児が線形的な形状のグラフを示している。また，ほとんどの幼児でグラフは正の傾きを示している。

(2) 完全情報最尤推定法（第2章）により分析した母数の推定結果を，図3に示す。まず，切片平均の推定値から，各幼児の発達軌跡における最初の時点（3歳時）の平均が25.57であるとわかる。そして，傾き平均の推定値から，真値が1時点（1年）ごとに平均して6.42点上昇しているとわかる。これより，3〜6歳の順に真値は，25.57，25.57＋1×6.42 ＝ 31.99，25.57＋2×6.42 ＝ 38.41，25.57＋3×6.42 ＝ 44.83と推定できる。この結果から発達軌跡の平均像がつかめる。

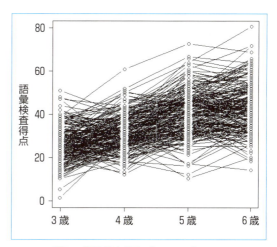

図2　語彙能力検査データのプロット

[*27] なお，50名という標本サイズを考慮すれば，一般にχ^2適合度検定の検定力は十分に高くなく，そのため当てはまりの優劣の差がわずかであれば，簡単に帰無仮説が棄却されることはない。したがって，それにもかかわらず棄却され有意であったχ^2適合度検定の結果は，飽和モデルが実験参加者内分散分析モデルよりも実際的に優れていることを示唆している。さらに，一般にこの程度の標本サイズでは，BICのモデルの選択精度は十分に高くならないことも知られており（Usami, 2014），これらの点からしても飽和モデルが最も優れていると考えられる。

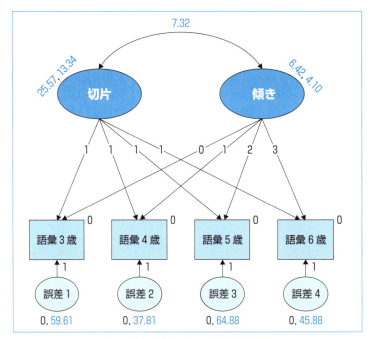

図3　潜在成長モデルによる推定結果

また，切片分散と傾き分散の推定値は，それぞれ13.34，4.10（標準偏差は順に3.65，2.02）である。傾き平均が6.42であることから，平均±2×標準偏差を計算すると，6.42±2×2.02，すなわち2.38〜10.46の間に，各幼児の傾きの値のほとんどが集まっているといえる。この結果から，ほぼすべての幼児において発達軌跡の傾きは正といえる。これは図2のグラフで見られた傾向と一致している。

また，因子間の共分散は7.32（相関は0.99）の正の値を示している。これより，発達軌跡における切片と，後の得点の増加量は，非常に強い関係にあることがわかる。そして，最初の時点（3歳時）の誤差分散の推定値は，59.61（標準偏差だと7.72）である。誤差の影響をうけて，各幼児の発達軌跡の切片と実際のデータはいくらかずれているといえる。また，3歳時に比べると，4歳，6歳時では比較的誤差の影響が小さいことがわかる。

適合度指標の値を計算すると，CFI＝0.912，RMSEA＝0.129であった。図2で示唆されていたように，語彙能力検査得点のデータは，線形的な発達軌跡を仮定した潜在成長モデルに比較的よく当てはまっている。ただし，RMSEAの値が十分に低くないため，当てはまりは必ずしも十分とはいえない。そのため，発達軌跡を表現するほかのモデルも考えて分析し比較してみることも重要である。

第5章：Answer

問1. （あ）＝（t−1），（い）＝（t−1)^2，（う）＝1，（え）＝変化量，（お）＝0.5$\left(\dfrac{1}{2}\right)$，（か）＝4，（き）＝1，（く）＝3，（け）＝予測（外挿）

問2. 略

問3. 推定結果を図4に示す。切片の平均は20.76と推定された。全体の変化量の平均は，傾きの平均である40.91とわかる。

　パス係数は，順に0.00，0.19，0.27，0.82，0.95，1.00であり，小3〜小4にかけて大きな変化がある。また，5.2.2項で示したように，パス1＝0，パス2＝1とした場合，パス6＝5.38および傾き平均＝7.61だった。そのため，全体の変化量の平均は7.61×5.38＝40.94と計算でき，まるめの誤差の範囲内で，今の分析結果（＝40.91）と一致する。

　図4を見ると，傾きの分散は331.91（標準偏差18.22）であり，個人差がある。傾きの平均が40.91であることから，40.91±2×18.22，つまり各児童の全体の変化量のほとんどは，4.47〜77.35の間にあるとわか

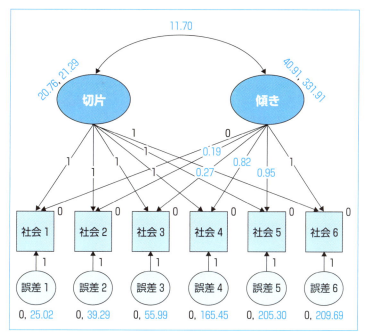

図4 モデルの推定結果

る。そして，因子間の共分散は11.70（相関0.14）だった。そのため，切片と全体の変化量の間には強い関係があるとはいえない。なお，相関係数については，パス1＝0，パス2＝1とした場合と一致する（2変数間の相関係数は，一方の変数を定数倍しても値は変わらないため）。

また，χ^2値は15.99と推定され，これは表5-3から，パス1＝0，パス2＝1とした場合の結果と一致する。このように，パス1＝0，パス6＝1とした場合，全体の変化量を基準にその平均や分散を解釈できるが，モデルの当てはまりや切片と傾きの因子間の相関関係，および誤差分散の結果は変わらない。

第6章：Answer

問1. (1) ＝ ○，(2) ＝ ○，(3) ＝ ×，(4) ＝ ×，(5) ＝ ×，(6) ＝ ○

問2. (1) 略

(2) 推定結果を図5に示した。図6-3と比較すると，非線形の形状を表現するために，3，4時点目のパス係数（パス係数3・パス係数4）を母数として推定しただけの違いである。

パス係数3＝1.87，パス係数4＝2.71の推定値は，線形の潜在成長モデルの場合（パス係数3＝2，パス係数4＝3）と大きく変わらない。そのため，回帰式の推定値も，図6-3とほとんど変わらない。また，適合度指標の結果は，CFI＝0.988，RMSEA＝0.060であり，表6-2（CFI＝0.992，RMSEA＝0.041）に比べて少し悪くなっている。これは，もともと線形に近い形状の発達軌跡を示すデータに対して，わざわざパス係数の一部を推定する複雑なモデル（区間線形の潜在成長モデル）を当てはめた影響と考えられる。

第7章：Answer

問1. (1) ＝ ○，(2) ＝ ○，(3) ＝ ×，(4) ＝ ○，(5) ＝ ○

問2. (1) 略

(2) 側脳室容量と記憶検査得点について，それぞれ4時点分のデータがあるので，計8つの変数がある。そのため，このデータから計算される平均は8つ，分散は8つ，共分散は$_8C_2＝28$で，これらの合計は44である。そして，図7-5より，モデルの母数は自己回帰係数は2つ，交差遅延係数は2つ，切片は2つ，平均

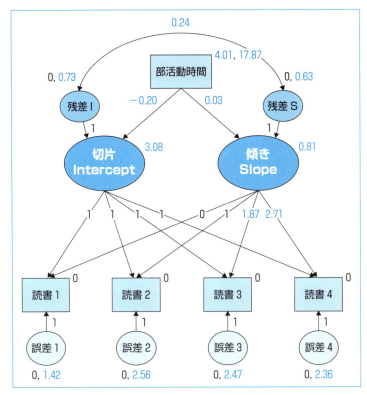

図5 モデルの推定結果

　　は2つ，分散は2つ，共分散は1つ，誤差分散2つ，誤差共分散1つの計14である。そのため，モデルの自由度は44−14＝30となる。

問3．図6は，等値制約がある多変量自己回帰モデルに基づく分析結果を示している。2つの交差遅延係数を見ると，読書から語彙への交差遅延係数は0.55であり，語彙から読書への交差遅延係数は0.02であった。ここでは結果は示していないが，これらの値は有意水準5％の両側検定でともに有意であった。そのため，語彙検査得点と読書冊数はともに原因にも結果にもなり，相互に影響しあう関係であると示唆される。「読書→語彙」の因果については，「読書量が増えたことで語彙が増え，それが検査得点の上昇につながった」と考えられる。また，「語彙→読書」の因果に関しては，たとえば「語彙能力得点が徐々に高くなることで学習への有能感を感じることができた子どもほど，推進されている読書活動への意識が高くなり，読書量が増えた」と考えられる。いまの分析結果は，この2つの因果がともに生起していることを示唆する。

表3　情報量規準と適合度指標の結果

	χ^2値	母数の数	自由度	AIC	BIC	CFI	RMSEA
等値ありモデル	127.207	14	30	155.207	201.383	0.851	0.128
等値なしモデル	102.785	32	12	166.785	272.331	0.861	0.195

　　表3はモデルの当てはまりを示している。適合度指標は，CFI＝0.851，RMSEA＝0.128であり，当てはまりは十分とはいえない。また，回帰式の各母数が時点に応じて異なることを仮定した等値なしモデルに基づき，分析した場合の結果も示している。このモデルでは，CFIを除いて，適合度指標や情報量規準の値はかえって悪くなっている。したがって，いまの分析の段階では，因果関係について上記のことがいえると考えられるが，モデルの当てはまりが不十分である理由を調べながら，他のモデルの当てはめの可能

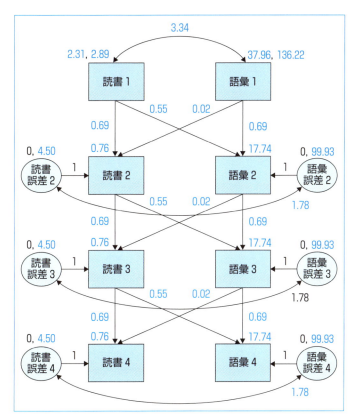

図6 多変量自己回帰モデル（等値ありモデル）による推定結果

性を追求することで，より確かな結論が得られる可能性があるだろう。たとえば，特定の時点間や母数のみに等値制約を課した他のモデルを考えることは一つの有効な実践であり，そのようなモデルの具体的な候補を探索するためには，まず等値なしモデルにおける各時点の回帰式の推定結果を比較することが役立つだろう。

索　引

ア　行

赤池情報量規準（AIC）　41
　　——を用いたモデル選択　42
アスペルガー症候群　48
一致性　28
一語文　1
一般化可能性　4
因果関係　8, 9, 112
因子　68
因子負荷　62
因子分析モデル　62
　　確認的——　63
ウェクスラー記憶検査　99, 100
ウェクスラー式知能検査　32
打ち切り　14
　　左側——　14
　　右側——　14
遠城寺式乳幼児分析的発達診断検査　2
横断データ　4
折れ線グラフ　50, 100

カ　行

回帰効果　22
回帰法　20
外生変数　53
海馬　99
学習障害（LD）　48
過剰適合　82
傾き　51
　　——の因子　59
完全情報最尤推定法　25, 27
　　——による母数の推定　26
完全データ　16
観測変数　28, 35, 54, 63
記憶能力　98
帰無仮説　39, 40, 46
球面性の仮定　46
共同注視　2
グレンジャーの因果性　114
クロスラグモデル　98, 107
継時横断データ　5
結晶性知能　32

　　高齢者の——　33
欠測　11
　　——する理由　13
　　——メカニズム　13, 15, 16, 18
　　完全ランダム——　15, 17
　　情報のある——　15
　　非ランダム——　17, 28
　　無視できない——　15
　　ランダム——　15, 17
　　ルービンの——メカニズムの分類　15
言語スキルデータ　58
言語性知能　32
語彙爆発　1
高機能自閉症　48
合計特殊出生率　31
交差遅延係数　107, 109
　　——の因果性　113
　　——の評価　112
構造方程式モデリング　11, 31, 45, 100
　　——の基礎　34
広汎性発達障害　48
交絡要因　6
高齢期　32
高齢者　31
誤差　51
　　——分散の解釈　59
個人差　7, 10
コスト　10

サ　行

最尤推定値　37
最尤推定法　25, 36, 37
削除法　19, 20, 21
残差　86
識別　61
時系列データ　3
時系列分析　4
自己回帰係数　102
自己回帰交差遅延モデル　98
自己回帰モデル　99, 100
　　——による分析　103
　　——の等値制約　102

──のパス図　100, 101
──の母数　102
1次の──　102
2次の──　101
実験　1, 4, 10
質問紙調査　29
時点間の平均値の比較　6
時点数とモデルの識別　61
児童心理学　32
社会適応スキル検査　49, 50
社会適応性　48
ジャルゴン　1
重回帰モデル　34, 72, 106
縦断データ　1, 2, 3
──の長所・短所　5, 10
多変量の──　8
自由度　38, 39
条件付き潜在成長モデル　84, 86, 92
──とパス図　86
──による分析　90
──のまとめ　92
少子化　31
少数事例研究　4
情報量規準　36, 40, 45, 60, 75, 104, 111
初語　1
人為的ミス　13, 15
人口動態調査　31
真値　51, 56, 58, 73, 80
正規分布　27, 28, 36
性差　113
青年心理学　32
切断　14
切片　51
──・傾き間共分散の解釈　59
──の因子　58
説明変数　88, 89, 92
漸近的正規性　28
漸近的有効性　28
潜在曲線モデル　48
潜在成長曲線モデル　48
潜在成長モデル　11, 48, 50, 62, 66
──の基礎　51
──のパス図　52, 53
──の母数　55
区間線形の──　76, 81
線形の──　60, 92
2次の──　66
2次の──における因子の意味　70
2次の──のパス図　67

選択モデル　28
相関関係　9
側脳室容量　98, 99, 100
損耗　13

タ 行

対象　2, 3, 4, 5
代入法　19
回帰法に基づく──　21
多重──　22, 23, 24, 27
単一──　19, 20, 21
平均値に基づく──　20
脱落　13
田中ビネー知能検査Ⅴ　2
多変量自己回帰モデル　98, 105, 108
──等値制約　109
──による分析　109
──のパス図　106
──の母数　107
──の利点　107
3変量以上のときの──　111
多変量正規分布　36
多変量潜在成長モデル　84, 93
──による分析　94
──のパス図　93
──のまとめ　96
単一事例研究　4
単回帰モデル　108
注意欠如・多動症（ADHD）　48
中年期　33
超高齢社会　31, 32, 98
適合度　39, 59
──指標　36, 43, 45, 60, 75, 80, 104, 111
データの種類のまとめ　5
天井効果　14, 15
統計的検定　40, 104, 113
動作性知能　32
統制　6, 9, 113
等値ありモデル　103, 110
等値なしモデル　105, 111
等分散性　46
等平均モデル　36
──の適合度　38
独立モデル　35, 36
──の適合度　38

ナ 行

内生変数　53
喃語　1

2次関数　72
二次分析　10
乳幼児心理学　32
乳幼児の言語発達　1
認知症　98
脳機能　98

ハ 行

バイアス　6, 10, 21, 113
媒介要因　9
背景要因　6, 8, 33
パス　54, 62
　——図　34, 35, 76
　双方向——　35, 54, 56, 86, 89, 94
　単方向——　53, 54, 87, 101, 107
パタン混合モデル　28
発達軌跡　7, 51, 78
　——と接線の関係　69
　真の——　51, 88
発達障害　48
パネルデータ　3
反復横断データ　5
反復測定データ　2
非心度　44
非線形　60, 61, 66
標準誤差　25, 28, 91
標準偏差　59
標本サイズ　3, 27, 28, 40, 42, 44, 45, 113
復元　19, 21, 22, 25, 27, 29
不適解　60
分散分析モデル　45
　実験参加者内——　46
ヘイウッドケース　60
平均像　11, 50, 62, 72, 85, 92
ベイジアン情報量規準（BIC）　42
変化のメカニズム　102, 103, 109
変化量　52, 56, 59
飽和モデル　35, 36
　——の適合度　38
母集団　27, 33
　——分布　25, 27, 28
母数の意味　55, 70, 88

マ 行

マッカードル　99
摩耗　13

面接　1, 4
目的変数　53
モデル選択　36, 45
モデルの複雑さ　41, 44, 105
モデルの良さ　37

ヤ 行

有意　18, 40, 91, 110, 111, 113
尤度　25, 37
　——関数　37
　対数——　38
床効果　14, 15
歪み　6, 10
指さし　1
幼児　1, 3, 4
予測値　20, 22, 23, 24

ラ 行

乱数　23, 28
　正規——　23, 24, 25, 28
ランダムサンプリング　113
流動性知能　32
量的研究　1
ルービン　15
練習効果　10
老年学　32
老年心理学　32

アルファベット&ギリシャ文字

ADHD　48
AIC　40
BIC　42
CFI　43
FIML　25
ITPA言語学習能力診断検査　2
LD　48
MCAR検定　18
RMSEA　43, 44
SEM　31, 33, 34, 43, 45, 46, 100
t検定　18
WAIS-III　32
WISC-IV　2, 32
WPPSI　2, 32
z値　91, 110
χ^2値によるモデル選択　40
χ^2適合度検定　38, 39, 40

著者紹介

荘島 宏二郎（しょうじま　こうじろう）

【シリーズ編者・第2著者：写真左】
1976年生まれ。
早稲田大学大学院文学研究科博士課程単位取得退学。現在，大学入試センター研究開発部准教授，博士（工学）
専門：心理統計学，多変量解析，教育工学
主著書：『学力：いま，そしてこれから』（共著）ミネルヴァ書房 2006 年，『学習評価の新潮流』（共著）朝倉書店 2010 年

読者の皆さんへ：

　Develop の語源は，包み（envelop）を解く（de, dis）こと。毎日，何かしら封印が解け，新しい言葉を紡ぎ，新しい動きを見せる娘。ダイナミックだぜ。超絶美少女だぜ。

　本書は右肩を骨折しながら書いた。運動会を前にした娘に「くねくね走るな。こうやって走るんだ，見てろ！」と言って爆走し，盛大に転んだ。瞬間，折れたとわかった。立ち上がり「わかったか？　じゃあ，パパは病院行ってくるから」と言い残しタクシーを拾った。展開する娘と閉包する父。光と影の交錯。

　運動会当日，娘は頑張って走った。父も頑張って手術した。ていうか起きたら終わっていた。「あんた，何してんの」。妻の視線が刺さる。でも手術痕かっこよすぎ。悪の組織と戦ってできた傷だと，晩年，孫に自慢しよう。

　ただで起きるな！　骨を大切にしろ！　勉強がんばれよ！

宇佐美 慧（うさみ　さとし）

【第1著者：写真右】
1984年生まれ。
東京大学大学院教育学研究科博士課程修了。現在，東京大学大学院教育学研究科准教授，博士（教育学）
専門：心理統計学，教育測定学，データ解析
主著訳書：『ベイズ統計分析ハンドブック』（分担訳）朝倉書店 2011 年，『ASA 旭出式社会適応スキル検査』（共著）日本文化科学社 2012 年，『ひらがな文字検査 HITSS』（共著）エスコアール 2013 年，『対人コミュニケーション行動観察フォーマット（FOSCOM）』（共著）エスコアール 2013 年，『縦断データの分析 II：変化についてのマルチレベルモデリング』（分担訳）朝倉書店 2014 年

読者の皆さんへ：

　統計学的な方法は，心理学・教育学・経済学・工学・医学など，さまざまな研究分野における縁の下の力持ちです。発達心理学では，人間のダイナミックな発達・変化の過程を少しでも見通しよく理解するために，統計学的な方法が活用されてきました。しかし，発達心理学に限らず，現実の複雑なシナリオを正しく捉え，また学問の健全な発展を促すためには，統計学的な方法論のメーカーとユーザーの双方が，互いに頭を突き合わせながら努力していくことがもっと必要であると自戒の念に駆られます。本書の内容が，読者の皆様自身の「データとの対話」に少しでも活きることを願っています。

心理学のための統計学 7

発達心理学のための統計学 ── 縦断データの分析

2015年2月20日　第1刷発行
2022年6月20日　第3刷発行

著　者　　宇佐美　　慧
　　　　　荘　島　宏二郎
発行者　　柴　田　敏　樹
印刷者　　日　岐　浩　和
発行所　　株式会社　誠信書房
　　　　　〒112-0012　東京都文京区大塚 3-20-6
　　　　　　　　　　電話　03 (3946) 5666
　　　　　　　　　　http://www.seishinshobo.co.jp/

© Satoshi Usami, Kojiro Shojima, 2015
印刷所／中央印刷　製本所／協栄製本
検印省略　落丁・乱丁本はお取り替えいたします
ISBN 978-4-414-30193-9 C3311　Printed in Japan

JCOPY ＜(社)出版者著作権管理機構　委託出版物＞
本書の無断複製は著作権法上での例外を除き禁じられています。
複製される場合は、そのつど事前に、(社)出版者著作権管理機構
(電話 03-5244-5088, FAX 03-5244-5089, e-mail: info@jcopy.or.jp)
の許諾を得てください。